超譯
노자의 말

도덕경

超譯

노자의 말

도덕경

야스토미 아유미 엮음 ㅣ 김현영 옮김

samho MEDIA

노자, 오천 사백 자에 담긴 불멸의 인생 잠언

《노자》는 참으로 놀라운 책이 아닐 수 없다. 이천 오백여 년 전에 쓰인 이 책에는 구체적인 인명이나 지명이 전혀 나오지 않는다. 이는 책의 모든 장章이 추상적인 논의로 일관하고 있음을 뜻한다. 또한 지은이의 이름조차 그 어디에도 나오지 않는다. 노자가 지었기 때문에 이 책을 《노자老子》라고 부르는 게 아니다. 그저 한 명의 사상가가 이 책을 지었을 것으로 추정하고 있기에 그의 이름을 잠정적으로 '노자'라고 부를 뿐이다.

노자가 실존 인물인지에 대한 설은 학자마다 다르다. 노자가 언제 태어나 언제 죽었는가의 문제는 확실하게 고증하기 어렵다. 이는 비슷한 시기에 쓴 것으로 알려진 《논어論語》가 공자孔子라는 실존 인물과 그 제자들의 언행을 기록한 글이자 그 안에 방대한 수의 지명과 인명이 나온다는 사실과 비교된다. 그리고 이처럼 대조적인 두 책은 오늘날까지 동아시아의 사상을 이끄는 위대한 수레의 두 바퀴 역할을 해오고 있다.

《노자》라는 추상적인 논의가 현대까지 계속 전해 내려온다는 그 사실만으로도 놀라운 일이 아닐 수 없다. 이는 《노자》가 오랜 세월 동안 계속해서 사람들의 사상과 사고를 이끌어왔음을 뜻하며, 그 내용이 그만큼 깊고 넓다는 것을 증명한다. 이천 오백여 년 동안 전해진 노자의 말은 특유의 역설적인 어법으로 세상의 대립과 모순을 설명하고 있으며, 단지 오천 자에 불과한 문장은 그 함축성으로 인해 수많은 해석을 낳으며 끊임없이 재생산되어 왔다.

《노자》는 전 세계적으로 가장 많이 번역된 책 중 하나다. 한국·중국·일본은 말할 것도 없고, 서양에서도 1708년 라틴어 번역본이 나온 이후 계속해서 새로운 번역본이 출간되어 영어 출간본만 250여 종에 이른다. 전 세계적으로도 《노자》는 《논어》보다도 훨씬 더 널리 읽혔고 큰 영향을 끼치고 있다. 그뿐만이 아니다. 《노자》의 철학은 서양의 지식인들까지 강하게 매혹하여 그 핵심 주제인 '도道(다오Tao)'라는 말을 널리 쓰이게 했다.

《노자》가 이토록 많은 이들에게 넓고도 깊게 영향을 끼친 이유는 그 추상론이 단순한 사고의 유희가 아니라, 사는 데 꼭 필요한 실천적 의미를 담고 있기 때문이다. 《노자》는 치열한 전국 시대를 살았던 처세의 지혜이자 일종의 통치 이론이지만, 동시에 세상과 인간에 대한 깊은 통찰력으로 인생의 교과서라고 할 만한 보편성을 갖고 있다. 《노자》에 나오는 말을 이해하기 위한 단초는 책 속이 아닌 우리 생활 속에 존재한다. 이 책을 읽으면서 사람들은 노자의 말을 되새기며 하루하루 어려움을 극복하기도 하고, 그 경험을 토대로 말의 의미를 느끼며 이해한다. 이 과정이 쌓이고 쌓여서 이천 수백 년 동안 《노자》가 읽히고 있는 것이다.

《노자》는 역동적인 세계관에 그 사상의 근간을 두고 있다. 즉, 《노자》에서는 이 세상 만물을 태어나서 변화하고 사라지는 것으로 이해한다. 그리고 그것을 고정된 것으로 받아들이는 태도는 위험하다고 반복해서 지적한다.

이러한 '고정화'는 주로 언어에 의해서 비롯된다. 인간은 다른 동물과 달리 언어로 세상을 파악한다. 그리고 언어를 바꿈으로써 실제로 존재하는 세계가 아닌, 가상의 세계를 상상할 줄 안다.

예컨대, 당신이 말에 올라앉아 있는 상태를 "당신은 말을 타고 있다."라는 문장으로 써놓았다고 해보자. 이 문장에서 '당신'을 '나'로 바꾸면 "나는 말을 타고 있다."라는 문장이 된다. 이렇게 하면 이제는 실제 사실과 다른, '내가 말에 탄' 상태를 상상할 수 있게 된다. 혹은 '말'을 '차'로 바꾸어 "당신은 차를 타고 있다."라는 문장을 만들수도 있고, '당신'과 '말'을 바꾸어 "말은 당신을 타고 있다."라는 이상한 상태도 상상할 수 있다.

이렇게 자유자재로 생각의 나래를 펼쳐 현실과 다른 세계를 상상할 수 있는 것은 인간이 가진 실로 놀라운 능력이다. 그러나 이는 동시에 이 세계를 있는 그대로의 모습이 아닌, 언어를 통해서 인식하는 나쁜 습관을 야기한다.

만약 우리가 "사과는 빨갛다."라는 말에 얽매인다면 우리는 사과의 다채로운 빨간색을 음미할 능력을 잃게 된다. 어떤 사과를 보든 '빨갛다'라고만 치부해 버리고, 각각의 사과가 가진 빨간색의 차이를 놓치게 되는 것이다. '중국인'이나 '일본인'이라는 말도 그렇다. 인간은 개개인을 이런 특정 언어로 묶어놓고서 서로 미워하거나 으르렁거리기도 한다. '돈'도 마찬가지다. 돈이라는 개념에 얽매여서 돈 없이는 살 수 없다고 믿거나 돈으로 환산할 수 없는 가치를 놓쳐 버린다. 이것이 바로 언어가 부리는 조화다. 이러한 왜곡된 지성은 우리가 겪는 불행의 원천이다.

《노자》를 처음 접한 사람은 그 사상을 우리의 일상생활과 동떨어진 추상론이라 생각할 수도 있다. 혹은 같은 이야기를 반복하는 고리타분한 책이라고 여길 수도 있다. 그러나 《노자》가 다양한 각도에서 끊임없이 고정화의 위험성을 질타하는 이유는 그 내용이 한 번 들었다고 해서 바로 알 수 있는 것이 아니기 때문이다. 꾸준히 반복

해서 이야기함으로써 독자는 그 안에 담긴 지혜를 가슴 깊이 새기고, 자신을 반추하며 삶을 보다 윤택하게 꾸려나가는 데 도움이 될 것이다. 간결한 문장으로 만나는 함축미와 꾸밈없는 노자의 언어는 그래서 더욱 설득력 있게 빛난다. 한 문장 한 문장을 곱씹어 좌우명이 될 만한 문장들을 찾아보는 즐거움은 독자들의 몫으로 남기고자 한다.

《노자》는 이러한 방식으로 이천 오백여 년 이상을 살아남아 왔다. 언어에 얽매여 있는 현대인이야말로 그 어떤 시대의 사람들보다 《노자》를 필요로 하고 있다고 나는 굳게 믿는다.

야스토미 아유미

| 차례 |

상편

도경 道經

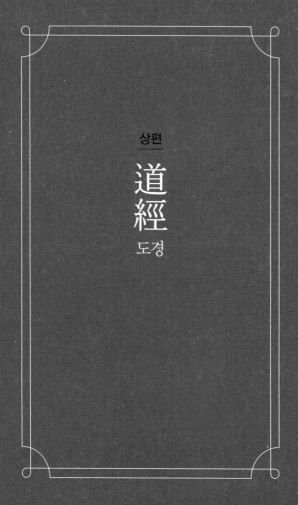

상편

道經

도경

001

세상의 모든 것은 변한다
당신도 그렇다

어쩌면 당신은

눈앞에 있는 모든 것들이

그 자리에 있는 고정된 것이라 믿을지도 모른다.

하지만 피하기 어렵다고 믿고 있는 일조차

이윽고 사라지거나 변한다.

어떤 일이든 어떤 것이든, 언제 어찌 될지 알 수 없다.

이 세상 모든 것들은 열린 상태로 그곳에 있다.

세상 만물은 변하고, 생겨났다가 사라지므로

그 불안정함을 두려워할 필요는 없다.

그러기는커녕

자신이 가능성으로 가득 차 있는 존재임을 이해한다면

까닭 모를 불안에서 벗어나게 되리라.

1장

002

언어에 얽매이지 말고
언어로 얽매지도 마라

어쩌면 당신은

이 세상 만물과 그 이름의 연결이

 확고한 것이라 믿고 있을지도 모른다.

'견犬'이 '개'를 뜻한다고 하면

그것을 당연하다 여기고,

당신의 이름이 당신 자신을 뜻한다고 하면

그 또한 당연하다 여길 수도 있다.

그러나 언어의 의미는

늘 이쪽에서 생겨나 저쪽으로 사라진다.

언어는 항상 어찌 변할지 알 수 없는, 열린 상태인 것이다.

우리는 이런 언어에 얽매여서도 안 되며

언어로 얽매도 안 된다.

1장

003

지금 무언가를
두려워하고 있다면

지금 무언가를 두려워하고 있다면

그건 그저 그 이름을 두려워하고 있는지도 모른다.

자신이 만들어낸 이름을 두려워하고 있을 뿐인지도 모른다.

이 사실을 이해한다면

까닭 모를 불안에서 벗어나게 되리라.

1장

확고한 것에 매달리려 할수록
불안해진다

살아가려면

불안정한 세상 만물과 불안정한 언어를

확고한 것이라 믿어서는 안 된다.

그렇게 믿는다면 살아갈 힘을 잃게 되리라.

살아가려면

만물의 근원으로 돌아가

자신을 그 불안정함에 내맡겨야 한다.

확고한 것에 매달리려고 하니까,

확고한 것에만 의지하려고 하니까

불안해지는 것이다.

당신에게는

그 불안정함에 자신의 몸을 내맡기고 살아갈 힘이

이미 주어져 있는데도 말이다.

1장

불안정한 상태에서
이 풍요로운 세상이 생겨났다

무엇이 어찌 될지 알 수 없는 불안정한 상태에서
천지가 시작되고, 이 풍요로운 세상이 생겨났다.

내가 의식을 갖고 세상 만물을 들여다볼 때는
그 겉모양만 보이고,
세상 만물이 먼저 내 눈으로 날아들어 올 때는
신비한 힘에 의한 만물의 성립 과정이
무의식 상태에서 이해된다.
그렇다고 이 둘이 별개라는 말은 아니다.
이 둘은 동일한 것의 양쪽 면일 뿐이다.

보이지 않는 신비의 신비에 의해 세상 만물이 생겨나고 있다.
여기에, 모든 근원이 있다.

1장

세상 만물은 변하고
생겨났다가 사라지므로
그 불안정함을 두려워할 필요는 없다

이 세상에는 본래
선악도 우열도 존재하지 않는다

이 세상의 모든 것은 그저, 있을 뿐이다.
여기에는 아름다움과 추함도 없고, 선함과 악함도 없다.
어떤 것을 '아름답다'고 여기기에 '추하다'는 개념이 생겨나고
어떤 것을 '선하다'고 여기기에 '악하다'는 개념이 생겨난다.

이는 모두 자신이 만들어낸 것에 불과하다.
유有를 '있음'으로 여기기에 무無가 '없음'이 되어
있고 없음이 공존하고,
난難을 '어려움'으로 여기기에 이易가 '쉬움'이 되어
어렵고 쉬움이 공존하며
장長을 '깊'으로 여기기에 단短이 '짧음'이 되어
길고 짧음이 공존한다.

2장

모든 것은
상대적이다

고高를 '높음'으로 여기기에 하下가 '낮음'이 되어

높고 낮음이 공존하고

음악音樂을 '음악'으로 여기기에 잡음雜音이 '잡음'이 되어

이 둘이 어울리며

선先을 '앞'으로 여기기에 후後가 '뒤'가 되어

이 둘이 붙어 다닌다.

모든 것이 항상 그러하다.

나은 사람과 못난 사람이 있지 않고

풍족한 사람과 가난한 사람이 있지 않다.

누군가를 '낫다'고 생각하기에 누군가가 못나지는 것이고

누군가를 '풍요롭다'고 여기기에 누군가가 가난해지는 것이다.

2장

무언의 가르침으로
만물을 간섭하지 않는다

모든 만물은 이렇듯

극단적인 현상이 서로 조화를 이루며 공존하기 때문에

성인聖人은 간섭하지 않고 무위無爲의 자세로

무언無言의 가르침을 행한다.

이런 성인의 모습은 도道를 닮았다.

성인은 만물이 이렇다 저렇다 말하지 않고

성장하는 데 간섭하지 않는다.

만물을 잉태하지만 소유하지 않으며

만물을 기르지만 그 능력을 뽐내지 않는다.

공을 세우고도 자랑하지 않기에 영원히 사라지지 않는다.

2장

만물의 움직임은
한곳에 머무르지 않는다

무릇 만물의 움직임은

그 시작이 존재하지 않는다.

인간의 예측은 그 불안정한 상태를 알아내는 데

아무런 도움이 되지 않는다.

만물의 움직임이 어떤 일을 일어나게 했어도

그 움직임은 그곳에 머무르는 법이 없다.

한곳에 머무르지 않기에 사라지지도 않는다.

2장

언어로 세상을
나누려 하지 마라

'이름'으로 세상을 나누려 하지 마라.

말로써 구분하기를 그만두고

만물이 지닌 본연의 모습을 따르라.

일찍이 성인聖人은

아무것도 하지 않음으로 나라를 다스렸고,

아무것도 말하지 않음으로 사람들을 이끌었다.

인간은 이름으로 분리할 수 없는

불안정한 세상에서 떠돌게 되어 있다.

이름에 얽매인다면

아무리 애쓴들 자기 자신을 해하게 되리라.

2장

낳았지만 소유하지 않고
길렀지만 지배하지 않는 것을 일컬어
현묘한 덕이라 한다

011

세속의 현명함을
숭상하지 않아야 한다

나라를 다스리는 자가

세속의 현명함을 숭상하여 영리한 자를 중용하면

백성이 무의미하게 서로 경쟁하게 된다.

구하기 힘든 물건을 귀하게 여기지 않아야

백성이 서로 배신하지 않으며,

사람들이 욕심낼 만한 것에 눈을 돌리지 않아야

백성이 혼란스럽지 않게 된다.

3장

TAO

012

지혜로운 자는
자신의 마음을 비운다

지혜로운 자는 나라를 다스릴 때 마음을 비운다.

각오를 다지며 억지로 무언가를 하려고 들지 않는다.

대신에 어떤 일이 일어났을 때

바로 대응할 수 있도록 힘을 길러둔다.

사람들이 쓸데없는 궁리를 하지 않도록 해야 하며

지혜롭다 하는 자들이 감히 어떤 일을 꾸미지 못하게 한다.

그리하면 반드시 잘 다스릴 수 있다.

경쟁하지 않고 욕심내지 않으며 마음의 안정을 찾는 것이

바로 다스림의 시작이다.

3장

도란 세상을 이루는
불가사의한 힘이다

도道란 세상 만물을 이루는 불가사의한 힘이다.

이 힘은 참으로 깊고도 고요하다.

아무리 써도 마르지 않으며

다시 채워진다 해도 넘치지 않는다.

이 힘은 이 세상의 아주 깊은

만물의 근원에서 뿜어져 나온다.

도는 텅 비어 있다.

그러나 그 작용은 무궁무진하다.

4장

우주 만물은 도에서
나온 것이다

우주 만물은 도_道에서 나온 것이다.

도는 텅 비어 있기에 만물을 포용할 수 있고

모든 것을 창조할 수 있다.

도는 심오하고 광대하며 그 작용은 그침 없이 계속된다.

이 힘이 언제, 어디에서 왔는지 알지 못하나

세상 모든 것을 관장하는 하늘보다

먼저 존재했다는 것만큼은 분명하다.

4장

도道란 세상 만물을 이루는 불가사의한 힘이다
아무리 써도 마르지 않으며
다시 채워진다 해도 넘치지 않는다

도는 항상
그 자리에 있다

도道는 날카로운 마음을 부드럽게 하고
만물 속에서도 예리함을 드러내지 않는다.
복잡하게 얽힌 관계를 풀어내며
밝은 곳에서는 빛을 조화롭게 하고
먼지 속에서는 먼지와 함께 한다.
한없이 깊어서 보이지는 않지만
그 근원에서 생성되어 항상 여기에 있다.

4장

잘 살고 싶다면
감성을 풍요롭게 하라

세상을 잘 살아가는 방법은 무엇일까?

간단하다. 풍요로운 감성만 지니면 된다.

온몸으로 세상 만물을 느끼면

자신이 어찌 행동하면 좋을지, 어떤 이가 되면 좋을지

저절로 알게 된다.

이렇게 풍요로운 감성으로 생생하게 살아가는 상태를

'인仁'이라 부른다.

인간뿐 아니라 천지天地 역시 감성을 지니고 있다.

만약 하늘과 땅이 그 감성을 잃어 인이 사라진다면

만물을 무자비하게 다루리라.

그러나 하늘과 땅은 늘 '인'이다.

5장

인간에게는 널리
인이 작용한다

천지를 관장하는 도道의 작용은 마치 풀무 같다.

실체가 없는 공기와 같은 것이 순환하고

움직이면 움직일수록 그 힘이 용솟음친다.

이는 인仁이 널리 존재하고 누구에게나 있으며

끝없이 작용하고 있음을 나타낸다.

하지만 인간은 늘 자신이 가지고 있는 인을 잊곤 한다.

그리고 출세한 사람의 말만을 들으려 하기에

금세 한계에 부딪힌다.

5장

자기 내면의 소리를
따르라

자기 내면의 소리를 따라
충을 지키며 사는 것만큼 좋은 삶은 없다.
여기에서 말하는 '충忠'이란 글자 그대로
자기 마음속 한가운데를 뜻한다.

영원한 도道를 안다는 것은
결국 마음을 다하여 온갖 세상일을
냉정하고 객관적이며 사사로움 없이
공명정대하게 판단하고 처리할 수 있다는 것이다.

5장

신비의 힘은
세상의 근원이다

깊은 산속에 영원히 죽지 않는 신이 살고 있으니

이 신을 어머니인 '신비神秘'라 부른다.

아버지인 신비가 사는 곳은 하늘과 땅을 지탱하는 대들보,

즉 세상의 근원이다.

세상을 움직이는 이들 신비의 힘은

끊이지 않고 계속 작용하며

쓰고 또 써도 줄어들지 않는다.

6장

020

그저
살면 된다

천지天地는 영원하다.
천지가 변하지 않고 오래 갈 수 있는 것은
이기적인 사사로움이 없기 때문이다.

천지는 그저, 살고 있을 뿐이다.
그렇기에 오래 산다.
마찬가지로 사람도 그저, 살면 된다.
그러면 오래 살 수 있다.
하여 지혜로운 자는
천지와 똑같은 길을 걷는다.

7장

도道는
날카로운 마음을 부드럽게 하고
만물 속에서도 예리함을 드러내지 않는다

남들 뒤에 머무르려 할수록
앞설 수 있다

지혜로운 자는 항상

자신의 사사로움을 뒤로 하기에 앞설 수 있다.

남들 뒤에 머무르려 할수록 누구보다 앞설 수 있고,

자신의 몸을 돌보지 않기에 생명을 온전히 보전할 수 있다.

이런 이치는 사사로움이 없으므로

얻는 결과가 아니겠는가?

사사로움을 뒤로 할수록 자신의 사사로움도 이룰 수 있다.

7장

도에 부합하면
그르칠 일이 없다

신의 뜻에 부합하는 장소에 몸을 두고

신의 뜻에 부합하는 깊은 곳에 마음을 두며

신의 뜻에 부합하는 하늘에 진심을 바쳐라.

신의 뜻에 부합하는 말을 자신의 마음과 어긋나지 않게 내뱉고

신의 뜻에 부합하는 정치를 하고

신의 뜻에 부합하는 능력으로 일을 하며

신의 뜻에 부합하는 때에 움직여라.

그리 하면 애초부터 다툴 일이 없고

그렇기에 그르칠 일도 없다.

8장

최고의 선은
물을 닮아 있다

최고의 선善은 물을 닮아 있다.
물은 세상 만물을 이롭게 하면서도
고요하여 다투지 않고
많은 이들이 꺼리는 낮은 곳으로 흐른다.

물은 제일 낮은 비천한 곳에 머물기에
신의 뜻에 부합하는 합리적인 상태,
즉 도道에 제일 근접해 있다.

낮은 곳에 머물며
마음은 평정하게 한다.
대인관계는 진정 사랑으로 대하며
말에는 믿음이, 정치는 백성들이 편안하게

일에는 모든 능력을 다하고
움직임은 시의적절하게 한다.

오직 물처럼 만물과 다투지 않으니
허물이 없어 걱정할 일이 없다.

8장

공을 세웠으면
뒤로 물러나라

지녔으면서도 더 채우려는 것은 그치는 것만 못하다.
무슨 일이든 가치 있다고 해서 늘리고 늘려
넘쳐흐를 때까지 채우는 것은 그만두어야 한다.
칼을 갈고 또 갈면 오히려 날이 쉽게 물러지듯
무슨 일이든 지나치게 구하면 오래가지 못한다.
금과 옥이 집 안에 가득한들 이를 끝까지 지킬 수 없고
부귀하면서 오만하면 스스로 화를 부른다.

공을 이루면 뒤로 물러나는 것이 하늘의 이치다.
교만하면 모든 것을 송두리째 잃는 것은 순식간이다.

9장

최고의 선善은 물을 닮아 있다
만물을 이롭게 하면서도 서로 다투지 않고
많은 이들이 꺼리는 낮은 곳으로 흐른다

몸과 정신을
조화롭게 하라

우리의 몸은 '백魄'이라고 부르는 기氣의 흐름이 지배하고 있다.
정신은 '혼魂'이라고 하는 기의 흐름, 그 자체다.
이 혼백이 조화를 이루지 못하면 건강을 잃는다.

언제 어느 때라도 혼백을 조화롭게 하여

몸과 마음이 하나 되어

도道와 영원히 떨어지지 않게 할 수 있을까?

천지에 가득한 기를 내 몸으로 끌어들여

그 기를 놓치지 않게 꼭 붙들고서

세속의 먼지와 사악함을 털어버리고

마음속 깊은 곳을 관조하여

생명의 기운이 충만한 어린아이처럼

꾸밈없이 순박한 상태로 있을 수 있을까?

10장

현묘한 덕을
수양하라

나라를 다스리는 자가 제 뜻을 강요하지 않고
다른 사람을 사랑하고 이끌 수 있을까?
모든 사리에 통달하고도
지혜와 기교를 사용하지 않을 수 있을까?

도道는 만물을 낳아주고 길러주지만
낳아주었다고 해서 소유하려 하지 않고
길러주었어도 지배하려 하지 않으니
이를 현묘한 덕(玄德)이라고 한다.

10장

티를 내지
마라

당신의 마음은 신비의 힘을 비추는 거울이다.
그 마음을 얼룩도 흠 하나 없이
깨끗하게 닦아낼 수 있겠는가?

만일 나라를 다스리는 자가 된다면
백성을 사랑하고 나라를 부흥시키고도
그런 티를 내지 않고 가만히 있을 수 있겠는가?

이 세상의 진리를 이해하고
그것을 마음대로 다룰 힘을 얻게 되었어도
나를 감추고 가만히 있을 수 있겠는가?
구석구석까지 사방을 내다볼 수 있음에도
고요할 수 있겠는가?

천지의 신비는 만물을 낳아 기르고 살게 한다.

만물을 희생시키는 일 따위는 하지 않는다.

그러한 천지의 덕德을

당신은 마음에 지닐 수 있겠는가?

10장

있음과 없음은 함께 있어야
제구실을 다한다

수레바퀴를 자세히 보라.
서른 개의 바큇살이 한 축으로 모여 있어
바큇살〔有〕과 아무것도 없는 빈 부분〔無〕이 적절하게 구성되어
수레바퀴는 바퀴로서 제구실을 다한다.

그릇을 자세히 보라.
진흙을 빚어 도자기를 만드는데, 그 점토〔有〕와 아무것도 없는
빈 공간〔無〕이 적절하게 어울려 있기에
그릇은 그릇으로서 제구실을 다한다.

집을 자세히 보라.
벽에 구멍을 뚫어 문과 창을 만드는데, 벽 부분〔有〕과 아무것도
없는 빈 곳〔無〕이 적절하게 구성되어 있기에
방은 방으로서 제구실을 다한다.

유有가 인간에게 편리함을 줄 수 있는 것은

무無의 쓰임이 있기 때문이다.

무슨 일이든 이렇듯

무언가가 '있는' 부분과 아무것도 '없는' 부분이

서로 조화를 이루어야 제 기능을 다한다.

채우려고만 들면 세상만사 어그러질 수밖에 없다.

11장

이 세상의 진리를 이해하고
그것을 마음대로 다룰 힘을 얻게 되었어도
나를 감추고 가만히 있을 수 있겠는가?

지나친 자극은
마음을 어지럽힌다

온갖 종류의 화려한 색채는 눈을 멀게 하고
말을 달리는 사냥처럼 격렬한 행사는 마음을 요동치게 한다.
눈앞에 아른거리는 귀한 재물은 행실을 바르지 못하게 하고
맛좋은 산해진미는 입맛을 고약하게 하며
화려한 가락의 음악은 귀를 미치게 한다.
이렇듯 자극은 사람의 혼을 어지럽게 하여
자극받은 이는 본래의 문제에서 눈을 돌리게 되고
눈을 돌렸다는 사실에서조차 눈을 돌린다.

하여 지혜로운 자는
사람들을 다스릴 때 그들의 감각을 자극하려 들지 않는다.
그래야 사람들이 자신의 본래 문제와 마주하게 되고
사람들의 생활이, 그리고 심신이 평안해진다.

12장

TAO

030

나를 버리고
남을 의식하지 말라

"총애를 받든, 치욕을 당하든

채찍질 당한 말처럼 호들갑을 떤다."라는 말이 있다.

이게 무슨 뜻이겠는가?

주군이 누군가를 총애하면

당사자는 물론이고 그와 관계없는 이들까지

채찍질 당한 말처럼 호들갑을 떤다.

그 사람이 총애를 잃게 되면 이번에도

당사자는 물론 관계없는 이들까지

채찍질을 당한 말처럼 호들갑을 떤다.

총애든 모욕이든 얻어도 놀랍고 잃어도 놀라운 일이다.

내가 의도하지 않은 것에 좌우되지 않고 평정심을 유지한다면

진정으로 내 삶의 주인이 될 수 있다.

13장

031

제 몸을 소중히 여기는 것이
모든 것의 시작이다

"나의 감정을 내 몸과 같이 존중하라."

이 말은 무슨 뜻이겠는가?

내가 감정을 품을 수 있는 건 내게 몸이 있어서다.

몸이 없다면 어찌 감정이 있을 수 있겠는가?

감정에 마구 휘둘려 자기 몸을 귀하게 여기지 않으면

삶은 제대로 굴러가지 못한다.

제 몸을 소중히 여기는 것이 모든 것의 시작이다.

그렇기에 천하를 다스리는 것보다

제 몸을 사랑하는 데 전력을 다하는 이가

천하를 맡을 자격이 있다.

13장

032

세상 만물은
신비의 작용으로 생겨난다

눈을 부릅뜨고 보려 해도 보이지 않는 신비.

귀를 기울여 들으려 해도 들리지 않는 신비.

아무리 어루만지려 해도 아무런 느낌이 들지 않는 신비.

눈으로 잴 수 없는 수 없는 이들 신비는

한 몸이 되어 움직이고, 삼라만상을 존재하게 한다.

세상 만물은 이러한 신비의 작용으로 생겨난다.

그렇게 태어난 세상 만물은

영원하지 않아 그 형태가 사라지지만,

신비는 새로운 신비와 함께

계속해서 작용하며 사라지지 않는다.

14장

내가 의도하지 않은 것에 좌우되지 않고
평정심을 유지한다면
진정으로 내 삶의 주인이 될 수 있다

보려 해도
보이지 않는 신비

끊임없이 이어지고 있어 이름을 붙일 수도 없고
모양이 없는 형체이며 형체도 없는 형상이라
신비가 어디에서 작용하고 있는지 알고 싶어도,
이는 마치 신이 계신 곳을 묻는 것과 같아서
이곳이라 가리켜 나타낼 수 없다.
설령 어찌어찌해서 가리켰다 해도
신비는 더 이상 그곳에 머물러 있지 않다.
뒤를 따르려 해도 그 뒷모습이 보이지 않고
앞에서 맞이하려 해도 그 얼굴이 보이지 않는다.

14장

세상 본연의
모습을 이해한다면

그렇다고 해서 이 신비를 이해할 실마리가

아예 없는 것은 아니다.

지금 우리 눈앞에 실제로 드러나 있는 세상 만물,

그 본연의 모습을 제대로 이해할 수만 있다면

태초의 시작인 도道의 규율을 알게 되리라.

14장

035

보이지 않는 차원의
진리를 느껴라

예로부터 도道를 터득한 사람은

보려 해도 보이지 않는 차원을 이해하고 있었고,

말로 닿을 수 없는 심오함에 통달하여 그 깊이를 알 수 없었다.

보이지 않는 차원의 진리는 본래 말로 설명할 길이 없으나

억지로 그것을 형용한다면 다음과 같으니,

신중하고 또 신중하여 겨울에 언 강물 위를 건너는 듯하고

엄숙한 것이 마치 손님처럼 꾸민 듯하다.

돈후하고 순박한 것이 길가의 그루터기 같고

광활한 것이 마치 깊은 골짜기 같다.

속을 알 수 없는 것이 혼탁한 물과 같고

침묵하여 담담한 모습은 깊은 바다와 같다.

15장

채우려 하지 않기에
거듭날 수 있다

어느 누가 혼탁함을 고요하게 하여
서서히 맑아지게 할 수 있겠는가?
그 누가 평온함을 움직이게 하여
천천히 생기를 띠게 할 수 있을까?

도道를 체득한 사람은 채우려 하지 않는다.
채우려 하지 않기 때문에 감쌀 수 있고
새로이 거듭날 수 있다.

15장

도道를 체득한 사람은 채우려 하지 않는다
채우려 하지 않기 때문에 감쌀 수 있고
새로이 거듭날 수 있다

도를 아는 사람은
과한 결실을 바라지 않는다

도道를 아는 사람은

세상만사에 능히 대처할 수 있고,

나아가 그 지혜로 얻은 결실이

흘러넘칠 정도로 과하기를 바라지 않는다.

과한 결실을 바라지 않기에

그것이 진퇴양난에 빠져 종지부를 찍는 일도 없다.

15장

038

냉정을 잃지 않고
세상을 이해한다

세상을 볼 때는

쓸데없는 생각을 모두 버리고

그저 있는 그대로, 허심탄회하게 받아들여야 한다.

이 태도를 극한까지 철저히 지킬 때

이를 일러 '냉정을 잃지 않는다'라고 말한다.

삼라만상은 세상의 근원에서 왕성하게 생겨나

제각기 뻗어 나간다.

허심탄회하게 바라보면

이것이 근원으로 돌아가는 운동으로 보인다.

실제로, 만물은 태어나서 활발하게 움직이다가

머지않아 각자 그 근원으로 돌아간다.

세상이 이러함을 이해하는 태도를 일러 '냉정'이라 한다.

16장

세상은 결국
근원으로 돌아간다

냉정은 이 세상이

결국 근원으로 돌아감을 이해하는 태도다.

근원으로 돌아간다는 말은

'세상을 있는 그대로 보라'는 말과 일맥상통한다.

있는 그대로의 세상을 알 때 이를 일러 '밝게 깨우친다'고 하며

그렇지 못하면 망령되어 흉악한 사태로 귀결한다.

16장

있는 그대로의 세상을 알면
관용이 생긴다

있는 그대로의 세상을 알게 되면 관용이 생긴다.

관용이 생기면 사람이 공명정대해지며

공명정대해지면 왕의 그릇에 어울리게 된다.

왕의 그릇에 어울리게 되면 하늘의 뜻을 따를 수 있게 되고,

하늘의 뜻을 따르면 도道를 따를 수 있게 된다.

도를 따르면 영원히,

평생토록 위태로울 일이 없다.

16장

만물은 태어나서 활발하게 움직이다가
머지않아 각자 그 근원으로 돌아간다
세상이 이러함을 이해하는 태도를 일러 '냉정'이라 한다

041

최고의 통치자는
존재감을 드러내지 않는다

가장 뛰어난 통치자는

사람들이 그가 존재한다는 사실만을

겨우 알게 하는 통치자다.

그다음 가는 통치자는

사람들이 친근하게 여기고 칭찬하는 통치자이며

그 아래의 통치자는

사람들이 두려워하는 통치자다.

그보다 못한 통치자는

사람들이 경멸하고 무시하는 통치자다.

위에 선 자의 말이 진심이 아니면

사람들은 그 말을 믿지 않는다.

위에 선 자가 말을 아끼고 신중하게 내뱉으면

모든 일이 자연의 순리대로 진행되고,

그렇기에 공을 이루고 임무를 달성한 것을 두고

사람들은 '저절로 그리되었다.'라고 말한다.

다스리는 것 중 최고의 방법은

지배하고 강제하지 않는 것이며

그저 무위의 다스림이요, 자연스런 다스림이다.

17장

인의와 충신이
생겨난 까닭은

위대한 도道가 스러져 제 역할을 다하지 못하자

인仁이니 예의義니 하는 개념이 생겨났고,

삿되게 지혜를 이용하는 자가 나타나자

커다란 위선(大僞)이 생겨났다.

부모와 자식, 형제나 부부가 화목하지 못하기에

효성孝이니 자애慈니 하는 개념이 생겨났고,

나라가 혼란하기에 충신忠臣이 생겨났다.

18장

성스러움을 끊고
지혜를 버려라

지혜를 함부로 남용하지 않고 말로 농간을 피우지 않으면
백성들의 이익이 백배가 되고,
교묘한 말로 어지럽히지 않고 공명과 이득을 좇지 않으면
배신하거나 규칙을 깨는 이가 사라진다.
잘 보이기 위해 꾸미지 않고 억지로 무언가를 하려 들지 않으면
부모는 자식을 사랑하고 자식은 부모를 공경하리라.

이 세 가지로 부족하다면 다음의 내용을 보태노라.
세상 만물이 어떻게 연결되어 있는지를 잘 살피고
막 잘라낸 거친 나무와 같은 소박함을 유지하며
눈앞의 사리사욕을 좇기보다 진정으로 바라는 바를 추구하라.

19장

어설픈 지식은
인간의 자유를 뺏을 뿐이다

어설픈 지식은 인간의 자유를 뺏을 뿐이다.
그런 지식을 끊어낸다면 근심과 걱정이 사라지게 되리라.

우리가 예의에 관한 지식을 갖추고서

"그 말씀이 옳습니다."라고 하거나

평범하게 "그렇습니다."라고 대답한들

둘 사이에 무슨 차이가 있겠는가?

윤리에 관한 지식을 익히고서

세상 만물을 훌륭하다거나 부도덕한 것으로 나눈들

둘 사이에 무슨 차이가 있겠는가?

그렇다느니 아니라느니 시시콜콜 따지는 것이

무슨 의미가 있겠는가?

20장

다스리는 것 중 최고는
지배하고 강제하지 않는 것이다
그저 무위의 다스림이요, 자연스런 다스림이다

세상과 다를지라도
도를 따라 살아가리라

사람을 두렵게 하는 이는

그 역시 사람을 두려워할 수밖에 없다.

모든 구별의 경계는 희미하여 정해진 바가 있을 수 없다.

구별을 받아들이는 세상 사람들은

편안한 모습으로 희희낙락하며,

마치 잘 차려진 잔치에 초대되어 누각에 올라

봄꽃놀이를 하는 것처럼 즐거워하는구나.

구별을 받아들이지 않는 나 홀로 담담하여

아직 웃지도 않은 갓난아기 같기만 하고,

돌아갈 곳도 없는 듯하다.

세상 사람들은 모두 여유가 있는데

나는 홀로 모든 것을 잃은 것 같구나.

세상 사람들은 자세히도 살피는데 나는 홀로 혼미하구나.

세상 사람들은 밝다 하는데 나만 홀로 어두운 듯하구나!

마치 캄캄한 바다 한가운데 있어 기댈 곳도 없는 듯하다.

지칠 대로 지친 내 모습은 돌아가서 쉴 곳이 없는 것 같구나.

하지만 나는 홀로,

비록 다른 사람들과 다를지라도

만물을 기르는 어머니인 도道를 따라 살아가리라.

20장

겉으로 드러난 도는
희미하고 어렴풋하다

마치 깊은 바다와 같은 이 세상의 본질은

오직 도道만을 따라 겉으로 드러난다.

그렇게 드러난 도는

희미하고 어렴풋하여 붙잡을 수가 없다.

있는 듯 없는 듯하지만 그 안에서 현상이 생겨나고

어렴풋하고 희미한데, 그 안에 물상이 있다.

아련하고 흐릿하지만 그 안에 정수精髓가 있다.

그 정수는 지극히 진실하고, 그 안에는 믿을만한 진리가 있다.

예로부터 지금까지 그 이름이 잊힌 적 없으며

수많은 지도자가 그것을 따랐다.

많은 이들이 그러했음을 내가 어찌 알았겠는가?

이 역시 도가 인도해 주었기 때문이다.

21장

나는 홀로
비록 다른 사람들과 다를지라도
만물을 기르는 어머니인 도道를 따라 살아가리라

구부리면 펴지는 게
도의 이치다

세상 만물은 무엇이든

구부리면 곧게 펴지고

일그러뜨리면 바르게 된다.

움푹 패어 있으면 그곳에 물이 고이고

너덜너덜 해어지면 곧 새로워진다.

줄어들면 얻게 되고

너무 많으면 어찌할 바를 모르게 된다.

이것이 바로 도道의 이치이다.

22장

048

굽은 것이야말로
완전해진다

성인聖人은 세상의 본질인 '하나 됨'을 지키고

오직 도道만을 품고 천하의 규범으로 삼는다.

스스로 드러내지 않기에 널리 주목받고

자기만을 옳다고 하지 않아 언젠가는 정의가 밝혀지며

스스로 자랑하지 않기에 공적이 드러난다.

뽐내지 않기에 더욱 오랫동안 기억되고

거만하지 않기에 사람들을 이끈다.

애당초 다툴 거리가 없어 어떤 사람도 그와 싸울 수 없다.

곡전曲全, 즉 '굽어 있기에 온전할 수 있다'는 옛말이

어찌 헛된 말이겠는가?

굽은 것이야말로 완전해져서 그 본연의 모습으로 돌아간다.

22장

049

세상은 들리지 않는 언어로
말을 건다

세상은 인간에게
들어도 들리지 않는 언어로 말을 건다.
당신은 그 언어를 감지해야 한다.

사나운 회오리바람도 한나절이면 그치고
거센 비도 종일토록 불지 못한다.
천지의 광폭함도 오랫동안 지속될 수 없거늘
하물며 인간이 이렇게 할 수 있을까?

눈앞에 일어나는 일에 휘둘리지 마라.
그 현상이 이야기하는
들리지 않는 언어를 감지하라.

23장

들어도 들리지 않는 언어를 감지하라

무언가를 얻으면 그 얻음을 받아들이고

무언가를 잃으면 그 잃음을 받아들인다.

그 얻음을 받아들이면

그 얻음은 도리道理에 부합한 일이고

그 잃음을 받아들이면

그 잃음은 도리에 부합한 일이다.

중요한 것은 각각의 득실得失이 아니다.

어떤 일에 일희일비하지 말고,

그것을 통해 전달되는

들어도 들리지 않는 언어를 감지해야 한다.

23장

곡전曲全,
즉 '굽어 있기에 온전할 수 있다'는 옛말이
어찌 헛된 말이겠는가?

무리해봐야
잘되지 않는다

발뒤꿈치를 들고 서 있으면 오래 서 있을 수 없고

가랑이를 벌려 큰 걸음으로 가려고 하면

제대로 걸을 수 없는 법이다.

자신을 과하게 드러내려고 하면 오히려 인정받지 못하고,

무리해서 보려고 하는 사람에게는 상황이 잘 보이지 않는다.

스스로 자랑하는 사람은 그 공을 인정받지 못하며

거만한 사람은 다른 사람 위에 서지 못한다.

도道의 관점에서는 이러한 행동을

'식후의 대접이요, 쓸데없는 참견'이라 한다.

도를 체득한 사람은 이런 행위를 하지 않는다.

진정으로 바라는 사람은 바라지 않는다.

24장

052

세상의 근원에서 솟아 나오는 힘을
'도'라 부른다

이 세상 본연의 모습에 대해 이야기해보자.

사물과 상태는 세상의 근원에서 솟아 나온다.

이들은 순수한 존재가 아니라 다양한 요소와 힘이 뒤섞여 있다.

천지라는 틀이 생기고 나서 그 안에서 생성된 존재가 아니라

천지에 앞서서, 계속해서 생겨나는 존재다.

천지는 사물과 상태가 생성됨으로 말미암아

결과적으로 드러난 틀에 지나지 않는다.

그 근원에서 솟아 나오는 힘은

고요하고 어렴풋하며, 모든 것으로부터 독립해 있고

그 무엇으로부터도 변하지 않으니,

가히 천지의 어머니라 하겠다.

그러나 나는 그 이름을 알지 못하니

그 작용을 일러 '도道'라 부른다.

25장

도의 모습을
형용하자면

도道의 모습을 굳이 말로 하자면

'크다(大)'고 할 수 있다.

크다는 것은 '점점 벌어지는' 것이다.

점점 벌어지는 것은 '점점 멀어지는' 것이기도 하다.

점점 멀어지는 것은 궁극적으로 '반전'하게 되어 있다.

이 거대한 순환이 바로 이 세상이다.

25장

054

도는 자연이
법이다

도道는 크다.

하늘과 땅도 크다.

그리고 왕도 마땅히 크다.

이처럼 우주 안에는 네 가지 큰 것이 있으니

그중 왕이 으뜸 자리에 앉아 있다.

사람은 땅을 밟고 살기에 대지의 이치가 법이고

대지는 하늘이 덮고 있어 마땅히 하늘의 이치가 법이다.

하늘은 도에 속하므로 도가 곧 법이며

도는 그 자체, 즉 스스로 그러함(自然)이 법이다.

25장

대군을 이끄는 자는
경솔하고 성급해선 안 된다

무거운 것과 가벼운 것을 하나로 매놓으면

무거운 것이 아래로 내려가 그 둘 사이에 뿌리 역할을 하고,

조용한 자와 소란한 자가 함께 있으면

조용한 자가 뿌리가 되어 소란한 자의 군주가 된다.

무거움은 가벼움의 뿌리요, 차분함은 조급함의 주인이다.

대군을 이끄는 자는

수많은 말을 듣더라도 예민하게 동요하지 말고

행동함에 있어 온종일 조용하고 묵직해야 한다.

한 나라의 군주가 어찌 몸을 가벼이 움직일 수 있겠는가?

가벼우면 뿌리가 되지 못하고, 조급하면 주인의 자리를 잃는다.

26장

무거움은 가벼움의 뿌리요
차분함은 조급함의 주인이다
가벼우면 뿌리가 되지 못하고 서두르면 주인을 잃는다

밝은 도리를
따르라

능숙한 마부는 마차의 바퀴 자국을 남기지 않고
변론을 잘 하는 사람은 내뱉는 말에 실수가 없으며
셈을 잘하는 사람은 산가지 따위를 쓰지 않는다.
안전한 문은 빗장이나 자물쇠가 없는데도 열리지 않고
안전한 짐은 밧줄이나 끈으로 꽁꽁 묶지 않아도
풀어헤쳐지지 않는다.

하여 성인聖人은
항상 거짓 없이 티 내지 않고 보살피며
만물이 그 쓰임을 다 하도록 이끌 수 있어
쓰이지 못하는 사람이 없고, 버려지는 물건이 없다.
이를 두고 '밝은 도리를 따른다.'라고 말한다.

27장

선하지 않은 사람도
선한 사람의 귀감이 된다

밝은 도리를 따르면
선한 사람만 선한 사람의 스승이 되는 것이 아니라
선하지 않은 사람도 선한 사람의 귀감이 된다.

자신이 본받아야 할 이를 귀하게 여기지 않고
자신에게 귀감이 되어줄 이를 사랑하지 않는다면
설령 지혜가 있어도 어찌할 바를 모르게 되니
이를 일러 '뛰어난 도리'라고 한다.

27장

자신의 본질에서
벗어나지 마라

수탉과 같은 강한 힘을 알고

암탉과 같은 유연함을 지키면

천하에 때를 알리는 닭이 될 수 있다.

천하에 때를 알리는 닭이 되면

자신의 본질에서 항상 벗어나지 않게 된다.

자신의 본질을 끝까지 지키면

갓난아기와 같은 부드러움을 회복하게 된다.

결백한 사람들의 모습을 알고

오욕을 뒤집어쓴 사람들의 모습도 알게 되면

세상 사람들의 생각이 흘러드는 골짜기가 된다.

천하의 골짜기가 되면 그 본질이 모자람 없이 채워진다.

그 본질이 모자람 없이 채워지면

거친 나무와 같은 순박함을 회복하게 된다.

28장

있는 그대로의
본성을 활용하라

언어로 나타낼 수 있는 명백한 논리를 이해하고 나서

언어로 나타낼 수 없는 신비를 지키면

천하의 모범이 된다.

천하의 모범이 되고, 본질을 일그러뜨리지 않으면

끝없는 경지를 회복하게 된다.

거친 나무를 잘게 쪼개면

그 조각들은 저마다 작은 그릇이 된다.

끝없는 잠재력을 지닌 인간의 본성을 그대로 활용하지 않고

그때그때의 상황에 맞춰 잘라내면

무언가 역할을 맡는 인재 정도는 될 수 있다.

그런 사람도 성인聖人에게 등용되면

관리의 수장 정도는 될 수 있다.

그러나 무릇 훌륭한 제도 아래에서는
거친 나무를 잘게 쪼갤 일이 없다.
있는 그대로의 인간을 활용하면 되기에
어떤 역할에 억지로 끼워 맞출 일이 없다.

28장

지혜로운 자는
극단적인 것을 피한다

천하를 차지하고자 일을 도모하려는 생각은
내가 보기에는 당치않다.

무릇 천하란 신비로운 집합체여서
그런 수작을 용납하지 않는다.
천하는 신성한 것이어서
인위적으로 지배할 수 없다.

억지로 일을 도모하려 들면 그 계획이 망가지고,
집착하면 잃게 될 것이다.

세상의 모든 일은

홀로 나아가면 따라잡히고

달아오르면 눌리고, 강해지면 꺾이며

쌓이면 무너진다.

하여 이러한 도道를 아는 사람은

극단인 것, 과분한 것, 호사스러운 것을 피한다.

29장

함부로 힘을
과시하지 마라

도리道理에 따라 군주를 보필하는 사람은

군대의 위용으로 천하에 강한 세력을 떨치려 하지 않는다.

싸움은 반드시 보복을 부른다.

군대가 주둔하는 곳의 농지에는 가시덤불이 무성해지고

전쟁을 치른 후에는 흉년이 들기 마련이다.

하여 뛰어난 자는

소기의 목적을 달성하기만 하면 전쟁을 바로 멈출 뿐

자만하거나 무기로써 힘을 과시하지 않는다.

절대로 불필요한 살상으로 강한 세력을 휘두르지 않는다.

30장

도道를 아는 사람은
극난인 것, 과분한 것, 호사스러운 것을 피한다

TAO

062

세상 만물은 굳세어지면
쇠해지는 법이다

공을 세워도 오만하지 마라.

공을 세워도 과시하지 마라.

공을 세워도 자랑하지 마라.

공을 세워도 그 자리에 오래 머무르지 마라.

이것은 공을 세워도 강한 자는 되지 말라는 뜻이다.

세상의 모든 것은 기세가 맹렬하면 쇠하기 마련이니

강함을 계속 추구하는 것은 도道에 부합되지 않기에 그렇다.

도에 부합되지 않으면 얼마 가지 않아 쇠망할 수밖에 없다.

30장

104

도경 道經

병기는
불길한 도구다

무릇 병기兵器란 불길한 도구여서

사람들은 항상 이를 꺼린다.

하여 천하를 원하는 자는 병기에 의존하지 않아야 하며

평소에는 겁먹은 듯 가만히 놔두는 것이 제일이다.

도道가 있는 사람은 절대로 그것에 의지하지 않는다.

병기를 아름답게 여겨서는 안 된다.

만약 병기를 찬미한다면 살생을 즐기는 것과 마찬가지다.

살생을 좋아한다면 천하의 뜻을 얻지 못할 것이다.

31장

전쟁에서 승리해도
기뻐하지 않는다

군자는 평소에는 왼쪽을 귀하다고 여기나

병기를 사용할 때에는 오른쪽을 귀하게 여긴다.

병기는 불길한 것으로, 군자의 도구가 아니기 때문이다.

부득이 병기를 사용할 경우 담담한 심정으로 할 뿐

전쟁에서 승리했다고 기뻐하지 않는다.

경사스러운 의식에서는 왼쪽을 상석으로 보고

장례식에서는 오른쪽을 상석으로 보지만

전쟁에서 부장군은 왼쪽에, 상장군은 오른쪽에 자리한다.

이는 장례의 예를 갖춰 전쟁을 치른다는 의미이다.

많은 이들이 희생되므로 비통한 마음으로 전장에 서고

전쟁에서 이기더라도 장례의 예를 갖춰 마무리한다는 것이다.

31장

도는 본래
이름을 붙일 수도 없다

도道는 언어로 표현할 수도 없고

본래 이름을 붙일 수도 없다.

항상 이름 없이 질박한 통나무처럼 보잘것없지만

도를 따르며 사는 사람은

비록 신분이 낮더라도, 아무도 그를 신하로 삼지 못한다.

군왕이 만약 이 도를 지닐 수만 있다면

만물은 스스로 다가와 복종하리라.

하늘과 땅이 서로 화합하여 단 이슬을 내리고

사람들은 누가 시키지 않아도

스스로 품행을 바르게 하여 질서를 낳는다.

32장

도道는 어느 누구도 그것을 지배할 수 없다
군왕이 만약 이 도를 지닐 수만 있다면
만물이 다가와 스스로 복종할 것이다

도의 작용은
자연스러워야 한다

이름 붙일 길이 없는 신비한 도道가

이리저리 깎여 마름질을 당하면

이름 붙일 수 있는 도구가 된다.

일단 이름 붙일 수 있는 도구로 만들었다면

그 도구의 한계를 알아야 위험해지지 않는다.

천하에 존재하는 도는

강과 바다로 흘러 들어가는 작은 골짜기와 같다.

도의 작용은

하천의 계곡물이 강과 바다로 흘러 들어가는 것처럼

자연스러워야 한다.

32장

자신을 이기는 자는
남을 이기는 자보다 강하다

남을 아는 사람은 지혜롭지만

자신을 아는 사람은 현명하다.

남을 이기는 사람은 힘이 있지만

자신을 이기는 사람은 그보다 더 강하다.

만족할 줄 아는 사람은 부유하다.

불굴의 의지가 있으면 그 어떤 일도 해낼 수 있으나,

자기 본연의 모습을 끝까지 지키는 것이야말로

자신의 가치를 잃지 않는 것이다.

그리고 무엇보다 죽어서도 잊히지 않는

진정한 의미에서 장수하는 길이다.

33장

큰일을 하려 하지 않기에
큰일을 이룬다

도道를 따르며 사는 사람은

마치 이리저리 떠도는 듯 그 무엇에도 구속받지 않고

오른쪽으로도, 왼쪽으로도 움직일 수 있다.

공을 세우고 맡은 일을 해냈어도 그것을 내세우려 하지 않고

자신의 이름을 드러내려 하지 않는다.

만물이 순종해도 그 주인이 되는 법이 없고, 늘 욕심이 없으니

이 모습은 가히 '작다' 하겠다.

만물이 귀의해도 그 주인 노릇을 하지 않으니

이 모습은 가히 '크다' 하겠다.

성인聖人이 큰일을 이루는 것은 이런 이유에서다.

큰일을 하려 하지 않기에 큰일을 이룰 수 있다.

34장

도는 쓴다 한들
바닥을 드러내지 않는다

위대한 신비를 깨닫고서 천하를 왕래하면

어디를 오가든 나에게나 남에게 해가 없고

항상 마음이 편안하여 별 탈이 없으며

근심 걱정이 사라진다.

집에는 항상 음악과 음식이 함께하니

오가는 사람들이 발걸음을 멈춘다.

도道라는 것은 굳이 말로 이야기하자면

심심하니 별맛이 없고

보려 해도 보이지 않고

들으려 해도 들리지 않으며

쓴다 한들 바닥을 드러내지 않는다.

35장

070

부드럽고 약한 것이
강한 것을 이긴다

무언가를 조이려면 우선 펴게 해주고

상대방을 약하게 만들려면 잠시 강하게 만드는 게 제일이다.

무언가를 떠나보내려면 잠시 함께 있어 주고

무언가를 빼앗으려면 우선 갖고 있게 하라.

이것이야말로 한없는 지혜이자

부드럽고 약한 것이 강한 것을 이긴다는 이치다.

물고기가 연못에서 나와 살 수 없듯

이러한 도道를 벗어나서는 나라를 다스릴 수 없다.

게다가 이 예리한 무기는

이러이러한 것이라 말로써 남에게 설명할 수도 없다.

36장

도를 따르면 세상 만물은
본연의 모습을 되찾는다

도道는 언제나 이름을 붙일 수 없는 신비다.
왕과 제후가 도의 원칙을 따라 천하를 다스린다면
세상 만물은 저절로 그 본연의 모습을 되찾으리라.

본연의 모습에서 벗어나 작위作爲를 바란다면
나는 그야말로 이름 붙일 수 없는 신비로
이를 가라앉힐 것이다.
도의 고요함으로 이를 파괴하지 않고 가라앉힐 수 있다면
천지는 저절로 바르게 돌아가리라.

37장

무언가를 조이려면 우선 펴게 해주고
무언가를 떠나보내려면 잠시 함께 있어 주며
무언가를 빼앗으려면 우선 갖고 있게 하라

하편

德經

덕경

072

뛰어난 덕을 지닌 사람은
자신에게 덕이 있다는 자각이 없다

큰 덕德을 지닌 사람은

자신에게 덕이 있음을 의식하지 못하여

진정으로 덕이 있다.

겉치레뿐인 덕을 지닌 사람은

자신에게 덕이 있다는 생각을 떨쳐내지 못하므로

진정한 의미에서는 덕이 없다고 하겠다.

뛰어난 덕을 지닌 사람은 작위作爲가 없고, 의도도 없다.

뛰어난 인仁을 지닌 사람은 작위가 있지만, 의도는 없다.

뛰어난 의義를 지닌 사람은 작위가 있고, 의도도 있다.

뛰어난 예禮를 지닌 사람은 자신이 예의 바르게 행동했음에도

상대방이 이에 응하지 않으면, 팔을 걷어붙이고 화를 내며

예를 갖추라 재촉한다.

38장

난리를 겪어야
비로소 질서가 잡힌다

도의 구체적인 표현으로 덕이 나타나고

덕의 구체적인 표현으로 인이 나타난다.

인의 구체적인 표현으로 의가 나타나고

의의 구체적인 표현으로 예가 나타난다.

예는 충성과 신의의 표현이며, 난리의 징조다.

자신에게 충실한 자가 있으면

사람들이 난리법석을 피우기에 그렇다.

이 난리를 겪어야 비로소 질서가 잡힌다.

38장

자신을 지킬 줄 아는 사람은
항상 본질을 좇는다

충성과 신의를 따르지 않고

영리한 지식을 이용해 소위 말하는 선견지명으로

세상일을 예견하고 난리를 피하려는 태도는

도에 부합하지 않는 겉치레이며, 어리석음의 징조다.

하여 자신을 제대로 지킬 줄 아는 사람은

그 본질을 좇지, 그 표현을 좇지 않는다.

그 실재를 좇지, 그 겉모습을 좇지 않는다.

항상 후자를 버리고 전자를 취한다.

38장

075

도에서 만물이 생겨나는
원리를 체득한 자는

천지 만물은 모두 생성의 근원을 가지고 있다.

그것은 바로 도道이며 '하나(一)'라고 칭한다.

예로부터 '하나' 되는 자,

즉 도에서 만물이 생겨나는 원리를 체득한 자에 대해

다음과 같이 말한다.

하늘은 하나 되는 자의 출현으로 맑아졌고

땅은 하나 되는 자의 출현으로 안녕을 누린다.

신들은 하나 되는 자의 출현으로 신령스럽게 모셔지고

만물은 하나 되는 자의 출현으로 생존할 수 있으며,

왕과 제후는 하나 되는 자의 지도로 천하를 다스릴 수 있었다.

이런 결과는 모두 하나(一)로부터 비롯된 것이다.

하나 되는 자가 이러한 상태를 일으킨다고 한다.

39장

큰 덕德을 지닌 사람은
자신에게 덕이 있음을 의식하지 못하여
진정으로 덕이 있다

귀함은 반드시
천함을 근본으로 삼는다

도에서 만물이 생성되는 원리를 체득하고
세상 만물이 시작되었다고 하지만, 생각건대
하늘이 계속해서 청정하지 못하면 결국에는 갈라질 것이요,
땅이 계속해서 안정되지 못한다면 장차 허물어질 것이며
신들이 계속해서 신령스럽지 않다면 결국에는 사라질 것이다.
골짜기가 가득 채워지지 못하면 끝내는 메말라버릴 것이고
나라를 다스리는 자가 계속해서 고귀해지지 않는다면
결국에는 더 버티지 못하고 쓰러질 것이다.

줄이면 때론 늘어나고 늘리면 오히려 줄어드는 게
사물의 이치다.
하여 귀함은 반드시 천함을 근본으로 삼고
높음은 반드시 낮음을 바탕으로 삼아야 한다.

39장

하찮은 돌덩이도
충분히 빛날 수 있다

귀함이란 천한 것을 뿌리로 하고

높음이란 낮은 것을 기초로 한다.

이 때문에 왕이나 제후는 스스로를 고독한 자(孤),

덕이 부족한 자(寡), 선하지 않은 자(不穀)라 했으니,

이것은 천함을 근본으로 삼았기 때문이 아니겠는가?

빛나는 옥처럼 고귀하게 되려 하지 말고

차라리 눈에 띄지 않는 돌덩이가 되려 하라.

최고의 명예란

더 이상 자랑할 것이 없는 명예다.

39장

있음은
없음에서 비롯된다

늘 원점으로 회귀하는 것이 도의 작용이다.

마치 아무것도 하고 있지 않은 듯 약해 보이는 것이

바로 도의 작용이다.

천하의 모든 만물은 '있음〔有〕', 즉 현상으로 생겨나고,

그 '있음'은 '없음〔無〕', 즉 모양이 없는 도에서 비롯된다.

40장

079

도에 부합하면 무엇이든
제대로 시작하고 제대로 성장한다

도리道理에 맞는, 즉 도에 부합하는 말을 들었을 때

어떤 반응을 보이느냐에 따라

그 사람이 어느 정도의 인물인지 분명히 알 수 있다.

뛰어난 사람은 도리에 맞는 말을 들으면 따르려 노력하고

평범한 사람은 도리에 맞는 말을 들으면 반신반의하며

어리석은 사람은 도리에 맞는 말을 들으면 크게 박장대소한다.

하여 어리석은 사람에게 비웃음을 사지 못한다면

도리에 맞는 말이 아니라고 할 정도가 아니겠는가?

41장

밝은 도는 도리어
어두운 듯 보인다

예로부터 내려오는 격언에 다음과 같은 말이 있다.

밝은 도道는 얼핏 어두운 듯이 보이고

나아가는 도는 물러서는 듯하며

평평한 도는 울퉁불퉁한 것 같고

최상의 덕德은 얼핏 어둑어둑한 골짜기인 듯 보인다.

매우 깨끗한 것은 더러운 것 같고

넓은 덕은 얼핏 모자란 듯 보이며

진실한 덕은 게으른 것 같고

소박한 진실은 퇴색된 것처럼 보인다.

41장

커다란 그릇은 끝없이 성장하여
완성될 일이 없다

거대한 네모, 즉 덕이 있는 자의 넓은 마음은

끝없이 관대하여 모서리에 닿을 일이 없고,

커다란 그릇, 즉 훌륭한 재능은

끝없이 성장하여 완성될 일이 없다.

커다란 소리는 대부분 들리지 않고

거대한 형상일수록 그 모양이 없다.

이렇듯 도는 늘 가려져 있어 이름을 붙일 수 없지만,

도를 따라야 비로소

무엇이든 제대로 시작하고, 제대로 성장할 수 있다.

41장

도는 하나를 낳고
하나는 둘을 낳는다

도道는 하나(一)를 낳는다.

하나란 세상에 생겨나는 현상 그 자체다.

하나는 둘(二)을 낳는다.

둘이란 현상의 배후에 있는 음양陰陽의 엉킴이다.

만물은 음을 짊어지고 양을 안고 있으며

비어 있는 기운으로 조화를 이룬다.

둘은 셋(三)을 낳는다.

셋이란 음양의 대립을 초월한 조화, 즉 '중기中氣'의 움직임이다.

셋은 만물을 낳는다.

즉, 음을 등에 지고 양을 가슴에 안은 조화로운 중기에서

만물이 태어난다.

42장

거대한 네모는 모서리에 닿을 일이 없고
커다란 그릇, 즉 훌륭한 재능은
끝없이 성장하여 완성될 일이 없다

굳세고 강인하면
제 명대로 살지 못한다

세상 사람들은 누구나 고립된 자, 고독한 자,
선하지 않은 자가 되기를 꺼린다.
한데 임금들은 이를 자신의 이름으로 삼는다.
이는 무슨 일이든 덜어내려 하면 더해지고
더하려 해도 덜어지는 법이기에 그렇다.
일부러 불길한 이름을 댐으로써 자신을 지키려는 것이다.

예로부터 선인들이 가르쳤던 이 교훈을
나 역시 깊이 음미하여 다른 이에게 전하고자 한다.
무릇 굳세고 강인한 것은 편안한 죽음을 맞이하지 못하니,
나는 이를 가르침의 근본으로 삼으리라.

42장

무위는
이롭다

이 세상에서 가장 부드러운 것이

가장 단단한 것을 부린다.

이를테면 물은 이 세상에서 가장 견고한 것,

즉 바위 속으로 파고 들어간다.

이처럼 형태가 없는 것(無)은

틈이 없는 곳을 비집고 들어갈 수 있다.

나는 이를 통해 그 어떤 의도도 없이 생겨나는 행위,

즉 무위無爲가 이롭다는 사실을 안다.

이 세상에는 무언無言의 가르침과 무위의 유익함에

필적할 만한 것이 없다.

43장

너무 애지중지하면
호되게 잃는다

명예와 신체 중 어느 것과 더 친한가?
신체와 재산 중 어느 쪽이 더 소중한가?
무언가를 손에 넣는 것과 손에서 놓는 것 중
어느 쪽이 더 마음에 고통을 주는가?

무엇이든 너무 애지중지하면 호되게 잃게 되고
지나치게 많이 모아두면 반드시 몽땅 도둑맞는다.

만족할 줄 알면 모욕당하지 않고
그칠 줄 알면 위태롭지 않아
오래도록 평안할 수 있다.

44장

정말로 완전한 것은
오히려 모자란 듯 보인다

가장 완전하게 이루어진 것은 부족한 듯 보이나
아무리 사용해도 망가지지 않는다.
가장 충만한 것은 비어 있는 듯 보이나
아무리 사용해도 바닥을 드러내지 않는다.

정말로 곧은 것은 굽어 있는 듯 보이고
정말로 뛰어난 솜씨는 오히려 서툰 듯 보인다.
가장 정교한 것은 보기에는 둔탁하고
제일 탁월한 언변은 어눌한 것처럼 보인다.
정말로 거침없이 뻗어 나간 것은
오히려 움츠러든 듯이 보이는 법이다.

45장

무엇이든 너무 애지중지하면 호되게 잃게 된다
만족할 줄 알면 모욕당하지 않고
그칠 줄 알면 위태롭지 않아 오래 갈 수 있다

맑고 고요한 것이
어디에서든 바른 모습이다

떠들썩한 기운이 더해지면

생기가 쇠약해져 이윽고 사라지고,

고요한 기운이 더해지면

생기가 생겨나 이윽고 타오른다.

맑고 고요한 것이 천하 어디에서든 바른 모습이다.

45장

만족하며
멈출 수 있어야 한다

천하에 도道가 있으면
전장에서 달리던 말을 되돌려 밭을 일구게 하고,
천하에 도가 없으면 어린 말이 전쟁터에서 태어난다.

지나친 욕망만큼 큰 죄가 없고
만족을 모르는 것보다 더 큰 잘못이 없으며
탐욕보다 더 큰 허물은 없다.

만족할 줄 알고 그칠 줄 알면 항상 부족함이 없다.
만족함을 아는 데서 얻는 만족이야말로
늘 만족하게 되는 것이다.

46장

089

문밖에 나가지 않아도
천하를 안다

문을 나서지 않아도 천하의 일을 알고

창밖을 내다보지 않아도 하늘의 이치를 알 수 있다.

밖으로 멀리 나갈수록 알게 되는 것은 점점 더 적어질 뿐이다.

하여 지혜로운 자는

다니지 않아도 알 수 있고, 보지 않아도 깨달을 수 있고

하지 않고도 이룰 수 있다.

47장

무위에 이르면
못할 일이 없다

배움學은 날마다 더해가는 것이고

도道는 날마다 덜어내는 것이다.

덜어내고 또 버리면 무위無爲에 이르게 되고

무위의 상태에서는 못할 일이 없다.

천하를 얻으려면 억지로 일을 벌이지 말아야 한다.

큰일을 도모하려고 든다면 천하를 얻을 그릇이라 할 수 없다.

48장

성인은 자신의 존재를
그 누구도 의식하지 못하게 한다

성인聖人은 정해진 마음이 없어

백성들의 마음을 자신의 마음으로 삼는다.

선한 사람에게 선하게 대하고, 악한 사람에게도 선하게 대하니

무엇이든 선하다고 하는 것이 성인의 본질이어서 그렇다.

말과 마음이 일치하는 사람을 믿고

말과 마음이 동떨어진 사람도 믿으니

누구든 믿는 것이 성인의 본성이어서 그렇다.

성인은 늘 온화하고 즐거워하며

그 마음이 천하와 하나가 되어 있다.

그렇기에 백성은 모두 성인에게 눈과 귀를 기울이나

성인은 자신의 존재를 그 누구도 의식하지 못하게 한다.

49장

아득바득 애쓰는 자는
자신을 사지로 몰아넣는다

굳이 살 곳에서 나와 죽을 곳으로 가는 이가 있다.

이 세상에는 생기있게 살아가는 이가 전체의 삼 할이고,

살았으나 죽은 것과 같은 이가 전체의 삼 할이다.

그렇게도 쌩쌩했건만, 바쁘게 움직이다가

스스로 죽을 곳을 향해 가는 이가 또 전체의 삼 할이다.

이는 어째서이겠는가?

그들이 아득바득 애를 쓰고 있기 때문이다.

50장

산다는 게 무엇인지 깨달은 자는
위험 속으로 들어가지 않는다

내가 듣건대

산다는 게 무엇인지를 깨달은 자는

언덕을 지나도 코뿔소나 호랑이를 만나지 않고

전쟁터에서 갑옷이나 무기를 갖추지 않아도 다치지 않는다.

하여 코뿔소는 그 뿔로 들이받을 곳이 없고,

호랑이는 그 발톱으로 할퀼 곳이 없으며

무기는 그 날로 벨 곳이 없다고 한다.

이게 무슨 말이겠는가?

산다는 게 무엇인지 깨달은 자는

죽음의 위험 속으로 들어가지 않는다는 말이로다.

50장

지혜로운 자는
다니지 않아도 알 수 있고, 보지 않아도 깨달을 수 있고
하지 않고도 이룰 수 있다

도는 스스로
존귀하다

만물은 도道에서 생겨나고

그 자신의 본질, 즉 덕德을 따라 성장한다.

거기에 형태가 나타나 기능이 완성된다.

하여 만물은 도를 받들고, 자신의 본질을 소중히 여긴다.

도가 높고 덕이 귀한 것은

누군가가 여기에 권력과 지위를 주어서가 아니라

스스로 항상 그러하기 때문이다.

51장

도는 낳아주어도
소유하려 하지 않는다

도는 만물을 낳고

만물을 기르고, 만물을 자라게 하고

만물을 소중히 하며

만물을 키워 열매 맺도록 보호해준다.

낳아주어도 소유하려 하지 않고

위해주어도 의지하려 하지 않으며

길러주어도 지배하려 하지 않으니,

이를 가리켜 '헤아리기 어려울 만큼 깊은 덕'이라고 한다.

51장

천하의 시작을 알면
천지 만물을 알 수 있다

이 세상에는 그 시작이 있어

이것이 천지 만물의 어머니가 되는 셈이다.

어머니를 인지할 수 있으면 그 아이,

즉 세상에 생겨나는 만물을 알 수 있다.

그 아이를 알면 다시 돌아가 그 어머니를 지킬 수 있게 된다.

그러면 죽는 날까지 위태로울 일이 없다.

52장

지각을 열어
자기 자신과 만나라

지각知覺을 막아 외부 세계로 향하는 문을 닫으면

평생 아무 일도 하지 못하고 죽는다.

그렇다고 해서 지각을 열어 외부 세계의 일에 바쁘게 몰두하면

평생 자기 자신과 만나지 못하고 죽는다.

그 어느 쪽도 온전한 삶이 아니다.

지각을 열면서 지각으로는 파악할 수 없는 것들을 감지하고

외부로 이어진 문을 열어 무위無爲로 일관하며

억지로 일을 벌이지 말아야 한다.

그리하면 자기 자신과 끊임없이 만나 성장하고

일을 이룰 수 있다.

52장

밝은 상태로
불변의 진리를 익힌다

눈에 보이지 않는 작디작은 것을 볼 수 있을 때

이를 '밝다〔明〕' 하고,

미약하고 부드러운 것을 견지할 수 있을 때

이를 '강하다〔强〕' 한다.

그 빛을 사용해 밝은 상태로 되돌아가면

몸에 재앙이 닥치지 않으니

이를 일러 '불변의 진리를 익힌다'라고 말한다.

52장

대도를
따르리라

내게 조금이라도 아는 바가 있다면

나는 대도大道를 따를 것이다.

혹여 잘못하여 대도에서 벗어날까 그것만이 두렵다.

대도는 넓고 평탄하나, 사람들은 지름길을 더 좋아한다.

논밭은 황폐하고 백성들의 곳간은 텅 비어 있건만

임금은 화려한 옷을 입은 채 예리한 검을 차고 위엄을 뽐낸다.

맛있는 음식과 술을 질리도록 먹으며 재물은 남아돌 정도다.

이는 도적의 우두머리나 다름없으니

어찌 도라 할 수 있겠는가?

53장

도道가 높고 덕德이 귀한 것은
누군가가 권력과 지위를 주어서가 아니라
스스로 항상 그러하기 때문이다

자신의 몸을 출발점으로 삼아
천하의 본질을 보라

제대로 지은 집은 흔들림이 없고

제대로 아이를 보듬으면 떨어뜨릴 일이 없다.

제대로 세운 것은 뽑히지 않는다.

내 몸이 바르게 되는 것은 그 덕이 참되기 때문이고

내 집이 바르게 되는 것은 그 덕이 넘칠 정도로 많아서이다.

내 고향이 바르게 되는 이유는

그 덕이 오래도록 이어지기 때문이고,

내 나라가 바르게 되는 까닭은

그 덕이 풍요롭고 두텁기 때문이며

천하가 바르게 되는 까닭은

그 덕이 두루두루 널리 미치기 때문이다.

내 몸을 통해 몸의 본질을 보고

내 집을 통해 집의 본질을 보라.

내 고향을 통해 고향의 본질을 보고

내 나라를 통해 나라의 본질을 보며

천하를 통해 천하의 본질을 보라.

내가 천하를 아는 까닭은 이러했기 때문이니

자신의 몸을 출발점으로 삼아

집, 고향, 나라, 천하의 본질을 느끼고 이해해야 한다.

54장

음양의 조화를 일컬어
영원하다 한다

자신의 본질인 덕德을 잃지 않고
정기精氣를 두텁게 비축해둔 사람은
마치 갓난아기와 같다.

갓난아기는
벌이나 전갈이나 뱀이나 독충도 찌르거나 물지 않고
사나운 새나 짐승도 덤벼들어 할퀴지 않는다.
그 골격은 연약하고
근육은 부드럽기 짝이 없으나
손아귀를 쥐는 힘은 매우 단단하다.

아직 남녀의 교합을 알지 못하나
그 음부가 격렬히 일어서는 것은
정기가 도리道理를 따라 흐르고 있기 때문이며

온종일 울어도 그 목소리가 갈라지지 않는 것은

음양의 조화가 도리를 따르고 있기 때문이다.

음양의 조화를 일컬어 '영원하다' 하며

음양의 조화가 영원함을 알 때 이를 두고 '밝다' 한다.

55장

부자연스러운 삶은
도에 부합하지 않는다

무리하게 건강에 집착하며

수명을 늘리려고 하는 것을 '불길하다' 하고,

신체에 부담을 주어 심장박동을 빠르게 만들고

호흡을 거칠게 하는 것을 '억지스럽다' 한다.

무엇이든 위세가 너무 강해지면

곧 쇠약해지기 마련이니

이는 부자연스러운 삶이라 하겠다.

삶이 부자연스러우면 도에 부합하지 못하니

일찍 생명을 다한다.

55장

음양의 조화를 일컬어 '영원하다' 하며
음양의 조화가 영원함을 알 때
이를 두고 '밝다' 한다

103

우리는 '안다'는 것을
알 수 없다

우리는 '안다'는 것을 알 수 없다.
이는 오른손으로 오른손을 잡을 수 없는 것과 같다.
우리는 세상 만물을 부지불식간에,
그리고 암묵리에 알아버리기 때문이다.

한데 우리는 자신이 알게 된 세상 만물을
언어로 나타낼 수 있다.
언어로 나타냄으로써 암묵리에 알게 된 것을
분명하게 알 수 있다.
이는 오른손과 같은 모양의 조각을 만들어
오른손으로 붙잡는 것과 같다.

56장

어떤 것을 알고 싶다면
언어에 의존하지 마라

세상 만물을 알고 싶다면

언어에 의존하는 것을 그만두어야 한다.

언어에 의존해서 생각할 때는

'안다'고 하는 암묵리의 작용이 멈춰버리기 때문이다.

56장

아는 자는 말하지 않고
말하는 자는 알지 못한다

아는 자는 말하지 않고
말하는 자는 알지 못한다.

세상 만물을 알고 싶다면
입을 다물어 언어의 문을 닫아야 한다.

이성과 지혜의 빛을 누그러뜨리고
티끌 같은 먼지와 동화되어야 한다.
언어의 날카로움을 죽이고
서로 뒤엉켜 사는 삶의 세계를 이해해야 한다.
이것이 바로 현동玄同, 즉 현묘한 대동의 경지이다.

이런 '앎'의 경지에 이른 사람에게

언어에 의존하여 세상을 인식하는 사람은

대처할 방도가 없다.

그와 친해질 수도 없고, 그를 소외시킬 수도 없다.

그를 이롭게 할 수도 없고, 그에게 해를 끼칠 수도 없다.

그를 귀하게 만들 수도 없으며, 그를 천하게 만들 수도 없다.

56장

106

무리하게 일을 벌이지 않으면
천하를 얻을 수 있다

바른 도를 내세워 다른 나라와 교섭하고

뛰어난 책략으로 군사를 지휘하며

무리하게 일을 벌이지 않으면 천하를 얻을 것이다.

내가 어떻게 이를 알겠는가?

도가 나를 이끌어주었기 때문이다.

무릇 천하에 꺼리고 피해야 하는 것이 많을수록

백성들은 가난해지고

권모술수가 많을수록 나라는 더욱 혼란해진다.

사람에게 기교가 많아지면 끔찍한 일이 자주 일어나며

법령이 엄할수록 배신자나 위반자가 늘어난다.

하여 성인聖人은 다음과 같이 말한다.

내가 무리하지 않으니 백성들이 스스로 감화를 받고

내가 고요함을 좋아하니 백성들도 스스로 바른길을 걷고,

내가 억지로 일을 벌이지 않으니 백성들이 저절로 부유하다.

내가 바라든 바라지 않든 간에 백성들은 자연히 순박해진다.

57장

107

재앙은 복이고
복은 재앙이다

> 정치가 관대하면 백성이 만족하여 순박해지고
> 정치가 가혹하면 그 나라는 불만으로 가득 찬다.

재앙에는 복이 깃들어 있고
복은 재앙의 은신처다.
누가 그 변환의 끝을 알 수 있겠는가?

무릇 '바름[正]'은 영원한 것이 아니다.
바른 것은 기이한 것이 되기도 하고,
선한 것은 갑자기 사악한 것이 되기도 한다.
하여 사람들이 이리저리 갈피를 잡지 못하게 된 지 오래다.

그렇기에 성인聖人은

뿔이 있으나 상처 입히지 않고

뾰족하지만 찌르지 않으며,

올곧지만 함부로 하지 않고

밝지만 눈 부시게 하지 않는다.

58장

재앙에는 복이 깃들어 있고
복은 재앙의 은신처다
누가 그 변환의 끝을 알 수 있겠는가?

108

꾸미지 않으면
사람이 따른다

사람을 다스리고 하늘을 섬기려면

꾸미지 않는 것이 제일이다.

그리하면 많은 이들이 이내 진심으로 공경하며 따른다.

사람들이 진심으로 공경하고 따르려는 이유는

덕德을 두텁게 하고 있어서다.

덕이 있는 행동을 거듭하면 해내지 못할 일이 없다.

해내지 못할 일이 없기에 한계에 부딪힐 일도 없다.

한계에 부딪힐 일이 없기에 나라를 가질 수도 있다.

더 나아가 나라의 기반을 갖추면 오래도록 유지할 수 있다.

이를 일러 뿌리를 깊이 박고 바닥을 다지는 일이라 하며,

오래오래 살아남는 도道의 이치라 하겠다.

손끝으로
만지작거리지 마라

큰 나라를 다스리는 것은

작은 생선을 찌듯이 해야 한다.

즉, 자꾸 뒤적거리지 마라.

건드리면 건드릴수록 부서져 못쓰게 된다.

조바심내면 일을 그르친다.

60장

세상을 도로 다스리면
서로에게 덕을 베푼다

▌ 세상을 도道로 다스려

세상 만물이 본연의 모습을 거스르지 않아도 되게 하면

어떤 귀신도 조화를 부리지 못한다.

설령 그곳에 못된 장난을 치는 악귀가 있더라도

탈이 나지 않는다.

악귀가 힘을 쓴다 하더라도 백성이 다치지 않으며

백성뿐만 아니라 통치하는 성인도 다치지 않는다.

백성과 성인이 모두 다치지 않으니

덕德은 양쪽의 근원으로 돌아가게 되고,

그 때문에 서로가 서로에게 덕을 베푼다.

60장

큰 것은
아래에 놓여야 한다

큰 나라는 다른 나라 위에 서는 존재가 아니다.
큰 나라는 큰 강의 하류와 같아서
세상 만물이 서로 어울려 만나는 곳이다.

큰 나라는 세상 모두가 연모하여 모여드는,
대지를 관장하는 어머니와 같다.
암컷은 항상 고요함으로 수컷을 이기니
조용히 아래에 머물 수 있기 때문이다.
그렇기에 큰 나라는
위가 아닌 아래를 지향해야 한다.

큰 나라는 작은 나라의 아래에 놓임으로써
작은 나라의 신임을 얻을 수 있다.

작은 나라는 큰 나라의 아래로 놓임으로써

큰 나라의 도움을 취할 수 있다.

한쪽은 아래에 놓임으로써 주도권을 잡고

한쪽은 아래에 놓임으로써 주도권을 내어준다.

61장

바라는 것을 얻으려면
마땅히 낮추어야 한다

양쪽이 모두 바라는 것을 얻을진대
마땅히 큰 나라가 먼저 자신을 낮추어야 하지 않겠는가?

그러면 큰 나라는 어떻게 해서든지
작은 나라를 도우려 할 것이고,
작은 나라는 무슨 일이 일어나도
큰 나라를 믿고 따를 것이다.

큰 강의 하류와 같은 큰 나라가 원하는 것은
작은 나라의 백성들을 기르는 것에 지나지 않고,
작은 나라가 원하는 것은
큰 나라가 마련한 테두리 안으로 들어가
그를 섬기는 것에 지나지 않는다.

양쪽이 각각 제자리를 얻으면

저마다 원하는 바를 얻는다.

저마다 그 바라는 바를 얻으려면

마땅히 낮추어야 한다.

61장

사람은 모두
저마다의 도를 따른다

도道는 만물의 주축이다.
선한 사람도 이를 갖고 있으며
선하지 않은 사람도 이를 갖고 있다.
인간은 모두 저마다의 도를 따르기에
선이니, 선이 아니니 하는 것은
인간이 만들어낸 구별에 지나지 않는다.

"화려하게 꾸민 말로 사람들을 대하면
자신의 혼을 사고팔게 된다."라는 말이 있다.
말로 남을 현혹하지 않고 자존심을 갖고 행동하면
자신의 혼을 지키며 인간으로서 성장하게 된다.
어떤 이가 지금 당장 선하지 않다고 해서
어찌 그를 버릴 수가 있겠는가?

62장

큰 나라를 다스리는 것은
작은 생선을 찌듯이 해야 한다
자꾸 뒤적거리지 마라

예로부터 도의 가르침을
귀하게 여기는 까닭은

하늘이 내린 자가 즉위하여 세 명의 대신이 정해지면,

천하에 질서가 잡힌 것을 축하하고자

커다란 옥玉을 받쳐 들고

네 필의 말이 이끄는 마차 행렬을 앞세워

융숭한 예식을 거행한다.

그러나 이렇게 훌륭한 예식도

앉아서 도道의 가르침을 받들고 전수하는 것만 못하다.

예로부터 도를 귀하게 여긴 까닭은 무엇이겠는가?

자신이 지닌 도를 따르면

구하고자 하는 것을 얻게 되고

죄가 있어도 죄를 면하게 된다고 하지 않았던가.

하여 세상 모두가 도의 가르침을 귀하게 여기는 것이다.

62장

어려운 일은
아직 쉬운 일일 때 시작하라

행동할 때는 일체의 억지스러움을 없애고
일거리를 없애는 것을 일로 삼으며
맛이 없는 것을 참맛으로 삼는다.
작은 것을 크게 여기고, 적은 것을 많게 여기며
원한은 덕으로 갚는다.

어려운 일은 그것이 아직 쉬운 일일 때 시작하고
큰일은 그 일이 아직 작은 일일 때 해치워라.
천하의 어려운 일은 모두 쉬운 일에서 시작되고
천하의 큰일은 모두 사소한 일에서 시작된다.

63장

큰일을 이루려 하지 않기에
능히 큰일을 이룬다

도道를 체득한 사람은
큰일을 이루려 하지 않기에 능히 큰일을 이룬다.

도를 체득한 사람은
아무리 큰일이라도 큰일로 여기지 않아 쉽게 해낸다.
무릇 쉽게 승낙하는 이는 믿을 수가 없다.
쉬운 일이 많다는 것은 힘들고 어려운 일도 많다는 뜻이다.

도를 체득한 사람은
쉬운 일도 어려운 일 대하듯이 하기에
어려움 없이 끝마칠 수 있다.
어려운 일이든 쉬운 일이든 다 같이 신중하게 대하기에
어려움을 당하지 않는다.

63장

일은 항상
처음 시작인 것처럼 한다

무엇이든 안정되어 있으면 그 상태를 유지하기 쉽고
아직 징조조차 보이지 않는 것은 대처하기 쉬운 법이다.
미약한 것은 부서지기 쉽고, 희미한 것은 사라지기 쉽다.

아름드리 큰 나무도 작은 싹부터 생겨났고
구 층 전각도 흙 한 줌에서부터 쌓아 올린 것이다.
천 리 길도 딛고 있는 자리에서부터 시작되며
백 미터 높이의 탑도 바닥에서부터 시작된다.

무슨 일이든 큰일이 되기 전에 처리하고
혼란스러워지기 전에 가라앉혀라.
다된 일을 망치지 않으려면
마지막까지 처음 시작할 때처럼 조심스러워야 한다.

64장

도道를 체득한 사람은
큰일을 이루려 하지 않기에
능히 큰일을 이룬다

집착하지 않으면
잊지 않는다

잘하려고 애쓰는 자는 실패하고

집착하는 자는 오히려 잃게 된다.

성인聖人은

무리해서 잘 하려 하지 않기에 실패하지 않고

집착하는 바가 없기에 잃지 않는다.

사람들은 무언가를 하고자 할 때

항상 그 일이 거의 성취될 즈음에 실패한다.

그래서 다음과 같이 말하는 것이다.

"마지막도 처음과 같이 조심하라."

그리하면 실패하지 않는다.

64장

아무것도 바라지 않음을
바란다

성인聖人은

아무것도 바라지 않음을 바라고

얻기 어려운 재물을 귀하다 하지 않으며

아무것도 배울 바가 없는 것에서도 배운다.

사람들이 간과한 것을 되돌아보며

자신의 본성으로 돌아간다.

만물이 본연의 모습을 유지하도록 도와주지만

그렇다고 나서서 억지로 힘을 보태지는 않는다.

64장

백성은 지혜가 아니라
어리석음으로 다스려라

예로부터 도道를 따라 다스리는 사람들은

얕은 지혜로 백성을 이끄는 것이 아니라

어리석음으로 백성을 다스렸다.

백성을 다스리기 어려운 까닭은

정치하는 자들이 기교와 위선으로 통치하려 들기 때문이다.

너무 많은 지모로 통치하려 한다면

오히려 나라에 해가 될 것이고,

지혜가 없다는 마음으로 통치한다면

그 나라에 복과 덕이 함께 하리라.

65장

현묘한 덕은
깊고도 아득하다

나라를 다스리는 지혜를 알고

항상 무엇이 모범인 줄 안다면

이를 일러 현묘한 덕(玄德)이 있다고 말한다.

현덕은 깊고도 아득하다.

여러 사물과 함께 순환하며

머지않아 그 근원으로 돌아간다.

65장

성인聖人은
아무것도 바라지 않음을 바라고
아무것도 배울 바가 없는 것에서도 배운다

다툴 거리가 없는 이와
다툴 수 있는 이는 없다

큰 강이나 바다가 모든 하천과 계곡의 왕인 까닭은
그것이 온갖 골짜기의 가장 낮은 곳에 있어서다.
그렇기에 모든 계곡의 왕이 될 수 있다.

하여 백성을 이끄는 자가 백성 위에 서기를 바란다면
반드시 백성의 아래로 자신을 낮추는 말을 해야 한다.
백성을 앞에서 이끌고자 한다면
반드시 그의 몸을 백성의 뒤에 두어야 한다.

그리하면 사람들이
그가 앞에 있어도 해롭다 여기지 않고
위에 있어도 무겁다 여기지 않는다.

또한 천하가 그를 추대하여

자신들의 지도자로 기꺼이 받들 것이다.

이는 그와 다툴 만한 이유가 없기 때문이 아니겠는가?

이 세상에 다툴 거리가 없는 자와 다툴 수 있는 이는 없다.

66장

도가 큰 사람은
눈치를 보지 않는다

세상 사람들은 한결같이

나의 도道가 커서 눈치 보지 않고

어떤 것과도 닮지 않았다고 말한다.

내가 만약 눈치를 보았다면

언제까지나 하찮은 인간인 채로 있었으리라.

오직 도가 크기 때문에

무엇과도 닮지 않은 것처럼 보이는 것이다.

67장

내게는 세 가지
보물이 있다

내게는 세 가지의 보물이 있으니

나는 늘 이를 몸에 지니고 다니며 소중히 여긴다.

그 첫째는 자애로운 마음이고

둘째는 검소함이며

셋째는 앞에 서려 하지 않는 태도다.

67장

———

백성을 이끄는 자가
백성 위에 서기를 바란다면
반드시 아래로 자신을 낮추는 말을 해야 한다

앞에 서려 하지 않기에
남들보다 큰일을 이룬다

자애로운 마음이 있기에 용기가 있고

욕망을 통제하고 있기에 넓게 베풀 수 있다.

감히 천하의 앞에 서려 하지 않기에

남들 위에 서서 큰일을 이룰 수 있다.

67장

자애로운 마음으로 지키면
공고하다

자애로운 마음을 버리고 용감해지려 하거나

검소함을 버리고 부유해지려고 하거나

뒤에 서려는 태도를 버리고 앞에 서려 한다면,

지금 당장에라도 죽음의 길로 접어들게 되리라.

무릇 너그러운 마음으로 싸우면 이길 것이고

자애로운 마음으로 지키면 공고해질 것이다.

하늘은 이러한 자를 높이 세우려 하고

자애로운 마음으로 보호하려 든다.

67장

127

다투지 않는 덕으로
하늘과 짝을 이루다

뛰어난 장수는 함부로 무예와 용맹함을 자랑하지 않고
싸움에 능한 사람은 성난 기색을 띠지 않는다.
싸워서 쉽게 승리하는 사람은 전면전을 하지 않고
남을 부리는 데 능한 사람은 스스로 자신을 낮출 줄 안다.

이를 일컬어 다투지 않는 덕德이라 하고
사람을 다루는 법이며,
자연의 도리에 부합하는 것이라고 한다.
이것이 예로부터 내려오는 가장 뛰어난 사람의 모습이다.

68장

마지못해 싸우는 쪽이
이긴다

용병술에 관해 이런 말이 있다.

"굳이 싸움의 주도권을 잡으려 하지 말고,

부득이한 상황 속에서는 수비 자세를 취하라.

굳이 일 보 나아가려 하지 말고, 삼 보 후퇴하라."

이는 행동했으나 행동으로 보이지 않고

팔을 걷어붙였으나 그 팔이 보이지 않으며,

무기를 잡았으나 무기가 보이지 않고

적을 공격했으나 공격이 보이지 않게 하라는 것이다.

대적할 만한 적이 없다고 믿는 것보다

더 큰 우환은 없다.

적이 없다고 믿으면 보물을 잃을 수 있다.

그러므로 싸우려고 서로 맞버티고 있을 때는

부득이하게, 마지못해 싸우는 쪽이 이긴다.

69장

베옷을 걸치고도
속으로는 옥을 품는다

나의 말은 지극히 이해하기 쉽고 실행하기가 쉽건만

그 누구도 알지 못하고 행하지 못한다.

말에는 그 근본이 되는 것이 있고

모든 일에는 총괄하는 중심이 있으나

사람들은 이를 알지 못해 나를 이해하지 못한다.

이를 아는 이가 적기에 나를 본받으려는 자도 거의 없다.

나를 알아주는 이가 드물다는 것은 곧 내가 귀한 것이니,

성인聖人은 남루한 베옷을 걸치고도 속으로는 옥玉을 품고 있다.

70장

남을 부리는 데 능한 사람은
스스로 자신을 낮출 줄 안다
앞에 서려 하지 않기에 큰일을 이룰 수 있다

모른다는 사실을
아는 것은 훌륭하다

자신이 모른다는 것을 아는 것이 최상이고

자신이 모른다는 것을 모르는 것은 병이다.

성인聖人이 병에 걸리지 않는 까닭은

그 병을 병으로 여기기 때문이다.

이 때문에 병에 걸리지 않는 것이다.

자신이 아직 알지 못하는 바가 있음을 아는 것,

이것이 가장 현명하다.

71장

자신을 사랑하나
귀하다 말하지 않는다

사람들이 두려워해야 할 통치자를 두려워하지 않게 되었을 때
비로소 그곳에 커다란 권위가 들어선다.
사람들의 거처를 위협하지 말고, 생업을 압박하지 마라.
무릇 백성은 억압하지 않으면 통치자를 싫어하지 않는다.

하여 성인聖人은
스스로 모든 것을 이해하나 스스로 드러내지 않고
자신을 사랑하나 자신을 귀하다 말하지 않는다.
결국 억압이나 폭력과 같은 수단을 버리고서
권력과 위엄을 손에 넣는다.

72장

이롭고 해로움은
오직 하늘만이 안다

위험을 무릅쓰고 용기를 내서

군이 무언가를 하려고 들면

남을 죽이거나 내가 죽을 수도 있다.

하지만 위험을 무릅쓰고 용기를 내서

군이 무언가를 하려고 들지 않으면

남을 살리거나 내가 살게 된다.

내가 보기에 이 둘은

어떤 경우에는 이롭고, 또 어떤 경우에는 해롭다.

한데 과연 하늘은 어느 쪽을 싫어할지

그 누가 알 수 있겠는가?

73장

하늘의 법망은 헐겁고 성글지만
그 누구도 빠트리지 않는다

하늘의 도道는

싸우지 않고도 능히 이기고

말하지 않고도 능히 답하고

부르지 않아도 스스로 찾아오며

느긋하면서도 일을 잘 처리한다.

하늘의 기운은

크고 넓은 그물처럼 온 우주에 펼쳐져 있어

헐겁고 성글지만 어느 것 하나 놓치지 않는다.

어느 누구도 하늘을 속이고

그 법망을 빠져나가지 못한다.

73장

성인聖人은
모든 것을 이해하나 스스로 드러내지 않고
자신을 사랑하나 사랑한다 말하지 않는다

사람들이 죽음을
두려워하지 않는다면

만약 사람들이 죽음을 두려워하지 않는다면
죽음으로써 위협한들 그들을 벌벌 떨게 할 수 있을까?
그러나 실제로 이러한 위협이 통하는 것은
사람들이 죽음을 두려워하고 있기 때문이다.

사람들로 하여금 늘 죽음을 두려워하게 하고
사악한 행동을 하는 자가 있어 내가 그를 죽게 한다면
누가 감히 그렇게 할 수 있겠는가?

74장

죽임으로 지배하면
그 참화가 자신에게 되돌아온다

사람들이 죽음을 두려워하는 까닭은

항상 죽음을 관장하는 자,

즉 사람이 죽고 사는 것을 결정하는

눈에 보이지 않는 하늘의 관리가 있음을 뜻하리라.

만약 죽음을 관장하는 하늘의 관리를 대신해 사람을 죽인다면

매우 뛰어난 나무꾼을 대신해서 나무를 베는 것과 같다.

그 나무꾼을 대신해 나무를 베는 자 중

자신의 손에 상처 내지 않는 자가 없으니,

죽임으로 사람들을 지배하려 한다면

그 참화가 반드시 자신에게 되돌아오리라.

74장

살기 위해
삶에 매달리지 않는다

사람들이 굶주리는 까닭은

해마다 세금을 많이 거두기 때문이며,

사람들이 잘 다스려지지 않는 까닭은

그 위에 서는 자가 작위作爲를 일삼아서다.

또한 사람들이 죽음을 가볍게 여기는 것은

나라를 다스리는 자가 자신의 안위만을 위하기 때문이다.

살기 위해 과하게 노력하지 않는 것은

삶에 매달리는 것보다 현명하다.

자신의 안위만을 위하지 않는 청정무위한 사람이

자신의 생명만 귀하게 여기는 사람보다 낫다.

75장

부드럽고 약한 것은
삶과 같은 편이다

사람이 살아 있을 때는 그 몸이 부드럽고 순하나

죽음을 맞이하면 강직되어 굳어버린다.

온갖 동물과 초목도 살아 있을 때는 부드럽고 약하나

죽게 되면 바짝 마르고 뻣뻣해진다.

하여 굳어진 것은 죽음과 같은 편이라 하고

부드럽고 약한 것은 삶과 같은 편이라 한다.

76장

유약한 것이 도리어
위에 놓인다

무기가 강하기만 하다고 해서 이길 수 없고
나무가 단단하기만 하면 오히려 부러지게 된다.
강하고 큰 것은 아래에 놓이고,
부드럽고 약한 것은 도리어 위로 올라가는 것이
거스를 수 없는 자연의 섭리다.

76장

성인은 자신의 현명함이
드러나기를 바라지 않는다

하늘의 도道는 마치 활을 당기는 것과 같다.

활시위를 당길 때 높이 있는 곳은 누르고

아래에 있는 것은 올려주며, 힘이 넘치면 덜어주고

힘이 부족하면 더해준다.

이처럼 하늘의 도는

남는 것은 줄이고 모자란 것은 보태는 것이다.

하지만 사람의 도는 그렇지 않아서

부족한 자한테 덜어내 남아도는 자에게 갖다 바치는구나!

오직 도를 따르는 사람만이 자신의 남는 것을 하늘에 바친다.

하여 성인聖人은

일을 하고도 자랑하지 않고,

공을 세우고도 그 자리에 머물지 않으며

자신의 현명함이 드러나기를 바라지 않는다.

77장

강하고 큰 것은 아래에 놓이고
부드럽고 약하면 위로 올라가는 것이
거스를 수 없는 자연의 섭리다

부드러움이
단단함을 이긴다

천하에 물보다 부드럽고 약한 것은 없다.

하지만 단단한 것을 공격하는 데 물보다 뛰어난 것도 없으며

물에 필적할 만한 것도 없다.

부드러움이 단단함을 이기고 약함이 강함을 이긴다는 것을

세상에 모르는 이가 없으나, 이를 능히 실행하는 이가 없다.

78장

곧은 말은
비꼰 말처럼 들린다

나라의 오욕을 떠맡을 자,

이를 일러 사직社稷의 주인이라 하고

나라의 불행을 떠맡을 자,

이를 일러 천하의 왕이라고 말한다.

굴욕을 견디고 재앙을 이겨낼 수 있어야

천하의 군왕이 될 수 있다.

이렇듯, 곧은 말은 비꼬는 말처럼 들리는 법이다.

78장

하늘의 도는 항상
선한 사람과 함께 한다

깊은 원한은 아무리 풀려고 해도 마음속에 앙금이 남으니

어찌 이를 두고 선을 행했다 할 수 있겠는가?

그렇기에 애초부터 원한을 만들지 않는 것이 중요하다.

하여 성인聖人은

빚 문서를 갖고도 그것으로 남을 괴롭히지 않는다.

덕이 있는 자는 빚 문서를 갖고만 있는 듯 행동하나,

덕이 없는 자는 관리가 세금을 징수하듯 가혹하게 군다.

무릇 하늘의 도는

편애하는 일 없이 언제나 선한 사람과 함께 한다.

79장

부드러움이 단단함을 이긴다는 것을
세상에 모르는 이가 없으나
이를 능히 실행하는 이가 없다

나라는 작고
백성은 적은 편이 좋다

나라는 작고, 백성은 적게 하라.

열 명, 백 명에 필적하는 기량을 가진 이가 있어도

기용할 일이 없게 하고,

사람들이 위험을 느껴 다른 곳으로 피할 일이 없게 하라.

수레나 배가 있더라도 탈 일이 없게 하고

갑옷이나 칼이 있어도 그것을 내보이며

위협할 일이 없게 하라.

백성들로 하여금 단순한 삶으로 돌아가게 하라.

백성들의 음식은 맛있고, 옷은 아름답게 하며

풍속은 즐겁고, 사는 곳은 편안하게 하라.

이웃 나라가 가까이 있어

닭 우는 소리와 개 짖는 소리가 들릴지라도

사람들이 그곳에 가서 살고 싶어하지 않게 하라.

늙어 죽을 때까지 자기가 사는 곳에 만족하며

행복할 수 있게 하라.

80장

장황한 사람치고
제대로 아는 사람은 없다

진실한 말은 화려하지 않고

번지르르한 말은 믿음직스럽지 않다.

마음과 일치한 말은 거칠어서 아름답지 않고

아름다운 말은 마음과 어긋나 있다.

선한 사람은 말을 잘하지 못하고

말을 잘하는 사람은 선하지 않다.

진정으로 아는 사람은 박식하지 않고

박식한 사람은 알지 못한다.

지혜로운 사람은 장황하지 않고

장황한 사람치고 지혜로운 사람은 없다.

81장

하늘의 도를 따르면
해를 끼치지 않는다

많이 안다고 해서 학식이 넓음을 뜻하지 않으며
학식이 많다고 해서 진정으로 아는 것은 아니다.
선善은 물질적인 풍요로움이 아니며
물질적인 풍요로움은 선이 아니다.

성인聖人은 쌓아두지 않으며
다른 사람을 위함으로써 점점 더 여유로워지고
모조리 남에게 주었음에도 더욱 풍요로워진다.

하늘의 도道를 따르면 이롭게 할 뿐 해를 끼치지 않고
사람의 도를 따르면 무엇을 하더라도 다툴 일이 없다.

81장

| 노자 해설 |

지난 2012년에 나는 《위험한 논어》(한국어판 제목)라는 책을 출간한 바 있다. 20년 이상 고전 연구를 해왔기에 그만큼 친숙한 《논어》의 사상을 나의 언어로, 초역超譯이라고 할 수 있을 정도까지 풀어내고자 했다. 그리고 이 책은 한국어와 중국어(홍콩어)로 번역될 만큼 큰 반향을 일으켰다.

이 책이 출간되자 이어서 《노자》도 번역해 주었으면 좋겠다는 제안을 받았다. 나는 《논어》를 연구하는 과정에서 얻게 된 사고방식과 고대 중국어를 읽는 데 필요한 지식을 응용하면 불가능하지는 않겠다 싶어 그 제안을 받아들였다. 그때만 해도 2~3년이면 어떻게든 될 거로 생각했다.

그렇긴 해도 《노자》를 번역하는 일이니만큼 《논어》와는 다르게 어려움이 많으리라 예상은 했었다. 그런데 정말 이 정도로 힘들 줄은 미처 몰랐다. 나는 작업을 끝내기까지 무려 5년여의 시간을 들여야 했다.

《노자》는 텍스트도 해석도 한 가지가 아니다

《노자》는 중국 고서 중 가장 난해한 책 중 하나로 알려져 있다. 《노자》라는 책을 읽을 때 처음 맞닥뜨리게 되는 최대 난점은 어떤 텍스트를 읽을지 결정해야 한다는 것이다. 물론 《논어》도 판본이나 필사본에 따라 미묘한 차이를 보이고, 그 내용을 교정하는 데 있어 깊은 지식이 필요하지만 《노자》에 비할 바는 아니다.

《노자》는 판본마다 큰 차이가 있다는 문제가 있다. 잘 알려진 주석본으로는 왕필본王弼本, 하상공본河上公本, 상이본想爾本, 현종어주본玄宗御注本 등이 있는데, 모두 채용한 텍스트가 조금씩 다르고 그 해석도 상이하다. 이외에도 무수한 주석본이 있기에 전체적으로 《노자》가 《논어》보다 자유롭게 읽히지 않았나 싶다.

본래 현존하는 노자에 관한 가장 오래된 텍스트는 8세기 때 만들어진 석비에 새겨진 것이었다. 당시 당나라 왕실은 도교를 중시하여 각지에 도관(도교의 사원)을 지으라는 칙령을 내렸는데, 그때의 석비가 지금도 남아 있다.

그런데 1973년에 후난성의 마왕퇴 무덤에서 비단에 적힌 두 종류의 《노자》가 발견되었다. 비단에 쓰여 있어서 '백서帛書'라고 부르는데, 둘 중 오래된 것을 갑본甲本, 나중의 것을 을본乙本이라고 한다. 백서본은 전한시대인 기원전 200년경에 필사된 것으로 여겨지고 있다.

이 텍스트는 요즈음 통용되는 노자와 대체로 일치하기는 하나 세부 내용이 좀 다르다. 가장 큰 차이점은 텍스트가 장으로 나누어져 있지 않다는 점이다. 현재 제1장부터 제37장까지를 〈도경道經〉이라고 부르고 제38부터 제81장까지를 〈덕경德經〉이라고 부르는데, 백서본에서는 통용본과 다르게 〈덕경〉이 먼저 나온다.

'大器'는 완성되지 않는다는 뜻?

이보다 중요한 점은 각 장의 표현이 미묘하게 다르다는 것이다. 예컨대, 제41장에 '대기만성大器晩成'이라는 유명한 말이 나온다. 이 말은 흔히 '큰 그릇을 만들려면 시간이 걸리듯, 큰 인물은 평범한 사람보다 늦게 대성한다.'라고 풀이하며, 진급이나 학업 성취가 늦은 사람을 격려하면서 "대기만성이라고 했으니 너무 조급해하지 마라."와 같은 식으로 말할 때 많이 쓰인다.

예로부터 내려오는 이 부분의 텍스트는 다음과 같다.

大方無隅 대방무우

大器晩成 대기만성

大音希聲 대음희성

大象無形 대상무형

'大대'로 시작하는 네 글자가 네 줄로 나란하다. 일반적으로 번역하면 이렇다.

커다란 네모는 모서리가 없고

커다란 그릇은 늦게 완성되고

커다란 소리는 거의 들리지 않으며

커다란 현상에는 모양이 없다.

이 책을 집필하는 과정에서 많은 영향을 준 한학자 후쿠나가 미쓰지(1918~2001) 선생은 이 말을 아래와 같이 해석했다.

더할 나위 없이 큰 네모는 모서리를 가지고 있지 않다.

참으로 위대한 인물은 남보다 대성하는 것이 더디고

더할 나위 없이 큰 소리〔音〕는 오히려 그 소리〔聲〕가 희미하며

지극히 큰 모양을 가진 것은, 커다란 형체에는 모양이 없다.

그런데 백서본에는 이 말이 다음과 같이 나온다.

大方無隅 대방무우

大器免成 대기면성

大音希聲 대음희성

天象無形 천상무형

위의 내용을 일반적으로 번역하면 이렇다.

커다란 네모는 모서리가 없고

커다란 그릇은 완성할 수 없고

커다란 소리는 대부분 들리지 않으며

하늘의 형상에는 모양이 없다.

백서본에서는 부정의 의미가 네 번 반복된다. '더디다'는 의미의 '晚成만성'과 달리, '免成면성'에는 '완성할 수 없다'는 부정의 의미가 담겨 있다. 또한 '大象대상'과 '天象천상'이란 말도 다른데, 내가 보기에는 '天象천상'이 '無形무형'과 더 잘 어울리고 해석하기에도 자연스럽다.

아마도 원래는 '大器晚成대기만성'이 아니라 '大器免成대기면성'이었을 것으로 보인다. 이 말을 더 풀이하면 아래와 같다.

"정말로 위대한 인물은 죽을 때까지 계속 성장하기 때문에 완성될 수 없다."

이처럼 대중적으로 가장 잘 알려진 노자의 성어인 대기만성大器晚成은 우리가 알고 있는 뜻과는 조금 다르다. 그릇이 완성된다는 것은 담을 수 있는 양의 한계가 정해지는 것이며, 늦게 완성되는 그릇은 아직 한계가 정해지지 않은 상태에서 한계를 계속 늘려가고 있는 셈이다. 즉, 그릇의 크기나 늦음을 강조하는 것이 아니라 세상이 정해놓은 틀에 갇히지 말라는 것이다. 따라서 '대기만성'이라는 말은 흔히 쓰이는 것처럼 성취가 늦은 사람을 위로하는 데 사용할 말이 아닌 것이다.

이는 서문에서도 언급했듯이 이 세상 만물을 태어나서 변화하고 사라지는 것으로 이해하고, 그것을 고정된 것으로 받아들이는 태도는 위험하다고 지적하는 노자의 역동적인 세계관과도 일맥상통한다고 할 수 있다.

백서본을 텍스트로 채용하면 앞의 예시처럼 의미가 조금씩 달라져서 전체 해석에 큰 차이가 발생한다. 또한 백서본은 갑본과 을본에서도 미묘한 차이를 보이고 누락된 글자가 많아서 다른 여러 필사본과 대조하는 작업을 반드시 거쳐야 한다. 갑본과 을본 중 어느 쪽을 진정한 백서본으로 보느냐 하는 문제도 간단하지가 않다.

그래서 나는 이 문제에 관한 여러 연구서를 비교한 끝에 고이케 이치로 신생의《노사 수석 백서: 도덕경》을 내 해석의 근거로 삼기로 했다. 물론 고이케 이치로 선생의 교정본을 그대로 따르지는 않았다. 예컨대, 고이케 선생은 '免면'을 '晩만'의 차자借字로 보고, 앞서 말한 '大器免成대기면성'을 '大器晩成대기만성'으로 보았다.

  오래된 무덤에서 나온 《노자》의 텍스트가 백서본만 있는 것은 아니다. 그로부터 20년 후인 1993년에 후베이성의 곽점郭店이라는 곳에서 한 무덤이 발견되었다. 이곳에서 초나라 때의 죽간이 출토되었는데, 여기에 《노자》의 텍스트가 세 종류나 적혀 있었다. 이는 기원전 300년경의 것으로 백서본보다 수십 년에서 약 백 년 가까이나 빠른 것이다.

  백서본이 통용본과 대체로 비슷한 데 비해, 곽점본은 통용본과 매우 다르다. 이미 완성된 《노자》라는 텍스트를 부정확하게 발췌한 것인지, 아니면 서서히 변화하고 팽창해서 오늘날에 이른 《노자》의 중간 단계인지에 관해서는 아직 의견이 분분하다.

  곽점본은 죽간의 길이에 따라 갑, 을, 병조로 나뉜다. 이 책에서 《노자》 해석의 근거로 삼은 고이케 이치로 선생은 이 가운데 갑본을 노자의 원형이라고 보았고, 을본과 병본은 이 갑본에서 파생된 필사본이라고 보았다. 그리고 나의 견해 또한 발췌설에 동의하는 편이다.

2009년에 노자에 관한 놀라운 사건이 또 하나 있었다. 도굴을 당해 시장에 유출된 죽간을 누군가가 손에 넣어 베이징대학에 기증했는데, 그 안에 백서본과 동일한 시기에 필사된 거의 완전한 《노자》가 포함되어 있었던 것이다. 이 텍스트에는 〈노자〉라는 제목도 명기되어 있다. 도경과 덕경의 순서가 바뀌어 있기는 하지만, 장도 명확하게 나뉘어 있고 그 방식이나 순서도 현행 통용본과 일치한다. 하지만 베이징대학이 소장한 죽간은 발견된 지 얼마 되지 않았고, 아직 전문가들의 논의가 충분하지 않아 이 책에서는 나는 이를 해석에 참고하는 정도로만 활용했다.

어쨌든, 나의 경우 《노자》의 다양한 텍스트 가운데 백서본을 주로 읽는다. 백서본은 나의 해석과 가장 잘 맞는 텍스트다. 아무리 보아도 매끄럽게 이해되지 않는 부분만 다른 주석본을 참조한다.

《노자》에서 제1장이 중요한 이유는

동양 고전 중에서도 특히 노자는 간결함과 함축성이 높기로 더 유명한 책이다. 그렇기에 해석도 다양할 수밖에 없다. 내 해석의 특징은 이 책의 제1장에 정리되어 있다.

사실 나는 《노자》를 현대어로 번역하면서 가능한 한 원문의 맛을 살려 독자의 이해를 돕고자 했다. 하지만 제1장은 다르다. 나는 이 책 전체를 읽기 위한 기본적인 사고방식을 독자에게 전하고자 제1장을 의도적으로 연장해서 해석했다.

그 내용은 다음과 같다.

어쩌면 당신은

눈앞에 있는 모든 것들이

그 자리에 있는 고정된 것이라 믿을지도 모른다.

하지만 피하기 어렵다고 믿고 있는 일조차

이윽고 사라지거나 변한다.

어떤 일이든 어떤 것이든, 언제 어찌 될지 알 수 없다.

이 세상 모든 것들은 열린 상태로 그곳에 있다.

세상 만물은 변하고, 생겨났다가 사라지므로

그 불안정함을 두려워할 필요는 없다.

그러기는커녕

자신이 가능성으로 가득 차 있는 존재임을 이해한다면

까닭 모를 불안에서 벗어나게 되리라.

어쩌면 당신은

이 세상 만물과 그 이름의 연결이

확고한 것이라 믿고 있을지도 모른다.

'犬^견'이 '개'를 뜻한다고 하면

그것을 당연하다 여기고,

당신의 이름이 당신 자신을 뜻한다고 하면

그 또한 당연하다 여길 수도 있다.

그러나 언어의 의미는

늘 이쪽에서 생겨나 저쪽으로 사라진다.

언어는 항상 어찌 변할지 알 수 없는, 열린 상태인 것이다.

우리는 이런 언어에 얽매여서도 안 되고

언어로 얽매도 안 된다.

지금 무언가를 두려워하고 있다면

그건 그저 그 이름을 두려워하고 있는지도 모른다.

자신이 만들어낸 이름을 두려워하고 있을 뿐인지도 모른다.

이 사실을 이해한다면

까닭 모를 불안에서 벗어나게 되리라.

위의 내용에 대응하는 원문은 아래와 같다.

道可道也, 非恒道也. 도가도야, 비항도야

名可名也, 非恒名也. 뎡가명야, 비항명야

단 16자를 이렇게까지 늘리다니 아무리 그래도 좀 지나치다는 느낌이 들 수도 있다. 하지만 이 정도까지 늘려서 해석한 이유는 바로 이 부분이 《노자》를 일관해서 읽기 위한 핵심 기초라고 보았기 때문이다. 앞서 언급했다시피 본서는 고이케 이치로 선생의 교정본을 해석의 근거로 삼고 있다. 그 책에는 이 부분이 다음과 같이 번역되어 있다.

> 말로 표현할 수 있는 도는 영원한 도가 아니다.
> 이름 지을 수 있는 이름은 영원한 이름이 아니다.

대부분의 사람이 이렇게 해석한다. 이는 글자를 '道可道也도가도야, 非恒道也비항도야.'로 띄어서 '可道가도'의 '道도'를 '말하다'라고 보았기 때문이다. 그래서 '道可道도가도'를 '말로 표현할 수 있는 도'라고 해석하고, 좀 더 나아가 "도는 말로 표현하기 어렵다. 만약 이 도를 말로 표현한다면 이것은 영원한 도(恒道)가 아니다."라고 풀이하는 것이다.

그러나 나는 이 해석을 받아들이기 어렵다. 세 번 나오는 '道도' 중에서 한가운데에 있는 '道'만 '말하다'라고 읽는 것이 부자연스럽기 때문이다. 두 번째 구의 '名명'이 세 번 모두 '名'의 뜻을 유지하면서 각각 명사, 동사, 명사로 쓰인 것에 비하면 기이하다는 느낌까지 든다. 게다가 도가 '영원한' 것이라면 언어로 표현할 수도 있지 않을까 싶다.

앞에서 현종어주본을 언급했는데 이는 당나라의 현종황제가 쓴 것이라 여겨지는 주석본으로, 일찍이 매우 권위 있는 책이기도 하다. 현종의 해석은 현대의 통설과는 많이 다르다. 이 주석본에서는 아래와 같이 띄어서 읽는다.

> 道, 可道, 非常道 도, 가도, 비상도
> 名, 可名, 非常名 명, 가명, 비상명

'也야'가 없고, '恒항'이 '常상'으로 바뀌어 있어 텍스트가 미묘하게 다른데, 해석은 다음과 같다.

> 도는, 가능성으로 가득 찬 도여서,
> 항상 어느 하나의 도가 아니다.
> 이름은, 가능성으로 가득 찬 이름이어서,
> 항상 어느 하나의 이름이 아니다.

개인적으로는 현종황제의 의견이 옳다고 본다. 이렇게 읽으면 '道도'나 '名명'이 세 번 모두 같은 뜻의 명사로 쓰인다. 그리고 이 견해를 따르면 두 구절이 합리적으로 이해된다.

우선 '名명'이 좀 더 간단하다. 예컨대, '개'라는 이름이 '犬견'을 의미한다고 여기는 것은 우리가 '개'라는 말을 사용하는 화자이기 때문이다. 현대 중국어에서는 '개'가 아닌 '고우'라는 이름이 '犬견'을 뜻한다(덧붙이자면 한자로는 '犬'이 아니라 '狗'를 사용한다). 또한 우리가 사용하는 '개'라는 말에는 '犬견' 외에도 다른 뜻이 많다. 예를 들어 '권력의 개'라고 할 때의 '개'는 '犬견'이 아니라 '권력자에게 영합하여 그 의향을 헤아려 행동하는 인물'을 가리킨다. 즉, 하나의 이름이 항상 하나의 무언가를 뜻하지는 않는다.

그럼 '道도'는 무엇을 의미할까? '名명'과 대립하는 것은 '명'이 가리키는 '사물'이다. '개'라는 이름을 예로 들면 개가 가리키는 사물은 '犬견'이다. 이렇게 놓고 보면 '도'는 '존재'를 의미하게 된다. 도가 존재를 의미한다면 최초의 여덟 글자는 "존재는, 가능성으로 가득 찬 존재여서, 항상 어느 하나의 존재가 아니다."가 된다.

이처럼 '도'를 '존재'로 보는 것이 비약으로 느껴질지도 모르겠다. 하지만 도란 제42장에 나오듯이 이 세상을 세상답게 만드는 근원적이고 보편적인 작용이다. 그리고 도를 이렇게 보는 것이 통설이다. 도의 작용이 구체적으로 드러난 것이 바로 존재이므로, 존재역시 도라고 할 수 있다.

반대로 만약 도와 존재를 구분해서 도를 '영원한 것'이라고 본다면 이는 존재의 배후에 변하지 않는 영원한 도가 있다는 말이 된다. 그런데 이렇게 해석하면 유럽의 전통적인 형이상학, 특히 플라톤의 이데아론과 같은 구조를 띠게 된다. 이래서는 도의 사상이 서양의 지식인들에게 충격을 준 이유를 설명할 길이 없다.

이런 이유에서 나는 '道도'와 '名명'이 대립하는 형태로 거론되었다고 보고 있다. 그리고 이러한 사고에 바탕을 두고서 《노자》를 읽고자 한다.

이는 단순히 《노자》를 읽기 위해서만이 아니라 세상을 그렇게 파악하는 것이 옳다고 보기 때문이다. 이러한 세계관에서 출발하여 모든 지식을 재구성하면 현대의 학문이 빠져 있는 폐쇄적인 상태를 타파할 수 있고, 우리가 직면한 여러 가지 문제를 해결할 수 있다. 이 책을 집필하게 된 이유도 세계관의 근본적인 변화와 혁신에 독자들이 함께 해주기를 바라기 때문이다.

超譯
노자의 말 도덕경

2판 1쇄 | 2022년 9월 5일
2판 3쇄 | 2024년 1월 8일
지 은 이 | 노자
엮 은 이 | 야스토미 아유미
옮 긴 이 | 김 현 영
발 행 인 | 김 인 태
발 행 처 | 삼호미디어
등   록 | 1993년 10월 12일 제21-494호
주   소 | 서울특별시 서초구 강남대로 545-21 거림빌딩 4층
          www.samhomedia.com
전   화 | (02)544-9456(영업부) / (02)544-9457(편집기획부)
팩   스 | (02)512-3593

ISBN 978-89-7849-663-6 (03100)